MP3 다운로드 방법

컴퓨터에서
- 네이버 블로그 주소란에 **www.lanc**
  네이버 블로그 검색창에 **랭컴**을 입력하신 후 다운로드

- **www.webhard.co.kr**에서 직접 다운로드
  아이디   : lancombook
  패스워드 : lancombook

스마트폰에서
콜롬북스 앱을 통해서 본문 전체가 녹음된
MP3 파일을 **무료**로 **다운로드**할 수 있습니다.

COLUM BOOKS

- 구글플레이 · 앱스토어에서 **콜롬북스 앱** 다운로드 및 설치
- 이메일로 회원 가입 → **도서명** 또는 **랭컴** 검색 → **MP3 다운로드**

원하시는 책을
바로 구매할 수
있습니다.

전체 파일을
한 번에 저장할
수 있습니다.

(The) 왕초보 영어회화 독학노트 책구매

The 왕초보
영어회화
독학노트

(The) 왕초보 영어회화 독학노트
이서영

MP3 다운로드

책소개

쓰기로 완성하는 The 왕초보 영어회화 독학노트

최근에 학습자의 수준과 학습 능력에 맞춘 쓰기의 중요성이 새
롭게 부각되고 있는 것은 절대로 우연이 아니다. 눈으로 보고 귀
로 듣는 것보다 손으로 쓰는 것을 우리의 뇌가 훨씬 더 오래 기억

(The) 왕초보 영어회화 독학…

총 120개   전체 127.5MB

본문 001.mp3 - The 왕초보 영어회화 독학노트   1.5MB

본문 002.mp3 - The 왕초보 영어회화 독학노트   1.0MB

본문 003.mp3 - The 왕초보 영어회화 독학노트   1.2MB

본문 004.mp3 - The 왕초보 영어회화 독학노트   1.2MB

본문 005.mp3 - The 왕초보 영어회화 독학노트   1.2MB

본문 006.mp3 - The 왕초보 영어회화 독학노트   1.0MB

본문 007.mp3 - The 왕초보 영어회화 독학노트   1.1MB

쓰면서 말하는 **일본어회화 워크북**

쓰면서 말하는 **일본어회화 워크북**

2019년 12월 05일 초판 1쇄 인쇄
2019년 12월 10일 초판 1쇄 발행

지은이 박해리
발행인 손건
편집기획 김상배, 장수경
마케팅 이언영
디자인 이성세
제작 최승용
인쇄 선경프린테크

발행처 *LanCom* 랭컴
주소 서울시 영등포구 영신로38길 17
등록번호 제 312-2006-00060호
전화 02) 2636-0895
팩스 02) 2636-0896
홈페이지 www.lancom.co.kr

ⓒ 랭컴 2019
ISBN 979-11-89204-54-9 13730

쓰면서 말하는

일본어
회화
워크북

박해리 지음

LanCom
Language & Communication

일본어는 우리나라에서 제2외국어로 확실한 자리매김을 하고 있습니다. 최근에는 인터넷상에서 정보나 지식을 공유하기 위한 의사소통의 수단으로서 일본어의 중요성이 더욱 부각되고 있습니다. 이제까지 회화라고 하면 그저 많이 듣고 많이 따라 말하면 되는 줄 알았지만 이제 시간만 낭비하는 헛된 노력은 그만!

학습자의 수준과 학습 능력에 맞춘 쓰기의 중요성이 새롭게 부각되고 있는 것은 절대로 우연이 아닙니다. 눈으로 보고 귀로 듣는 것보다 손으로 쓰는 것을 우리의 뇌가 훨씬 더 오래 기억한다는 것은 누구나 다 아는 사실!

손으로 베껴 쓰는 것만으로도 학습 효과가 훨씬 높아진다는 거죠. 게다가 더 중요한 것은 베껴 쓰는 동안 모범이 되는 문장의 형태를 자기도 모르게 분석하고 모방하게 된다는 거예요. 일본어 문장의 구성을 좀 더 구체적으로 익히고 분석하고 체화하게 된다는 거죠. 이 책에서는 4단계 학습법을 제안합니다.

1. 눈으로 읽으면서
2. 귀로 듣고
3. 손으로 쓰면서
4. 입으로 소리 내어 말한다

학습 효과를 최대화하기 위해서 문장의 뼈대를 이루는 가장 단순한 형태의 기본형 문장들로 구성하고자 노력했습니다. 기본형 문장을 익히는 것은 초보 단계의 학습자들에게 가장 필요한 과정이기도 하고, 기본형 문장을 통째로 외우면 살을 붙여 응용할 수 있게 된다는 장점이 있습니다.

초보 단계의 학습자들이 지금 당장은 언어 능력이 부족하더라도 일본어 낱말, 어구, 문장을 눈으로 보고 듣고 말하고 베껴 쓰는 과정을 시작으로 점점 자신의 생각과 느낌, 경험을 일본어로 표현하는 수준까지 올라가는 것을 목표로 합니다.

1. 문장의 뼈대가 되는 기본형을 익힙니다.

외국어 학습에서 기본형을 익히는 것은 필수 과정입니다. 기본형은 가장 단순한 형태이기 때문에 암기하기도 쉽고 문장의 기본 구조를 익히는 데 중요한 역할을 합니다. 일상생활에서 가장 많이 쓰는 기본 표현과 일본으로 여행을 갔을 때, 일본 사람을 만났을 때 꼭 필요한 표현 100개를 모아 활용하기 쉽게 정리했습니다.

2. 상황에 따라 바로 찾아 쓸 수 있습니다.

일상생활에서 일어날 수 있는 다양한 상황에 맞춰 바로 사용할 수 있도록 기본 문장을 6개씩 모아 놓았습니다. 고마울 때, 미안할 때 등의 감정 표현을 비롯하여 길을 묻고 대답할 때, 교통수단을 이용할 때, 병원이나 약국에서, 미용실에서, 편의점에서 쓸 수 있는 표현들을 필요할 때마다 바로 찾아 바로 쓸 수 있습니다. 일본어를 읽는 것 자체가 걱정이라구요? 그런 분들을 위해서 한글 발음을 달아 놓았습니다. '아, 촌스럽게 뭐 이런 걸 달아났어!' 투덜거리면서 이용하세요^^

3. 체화를 위한 충분한 연습 공간

이 책은 일본어 회화의 기본서이자 곧 연습노트이기도 합니다. 일본어 공부는 쓰기로 완성된다는 말도 있는 것처럼 일본어 공부에서 쓰기는 굉장히 중요합니다. 각 유닛의 맞쪽에 있는 쓰기노트를 충분히 활용하시기 바랍니다. 보고 듣고 쓰고 말하기를 꾸준히 반복하다 보면 다양한 문장 유형들을 빠르게 익힐 수 있고, 읽기 능력과 쓰기 능력도 함께 향상됩니다. 베껴쓰기로 시작된 일본어 회화는 어느새 수동적인 일본어 학습자를 능동적인 일본어 학습자로 바꾸어 자기의 생각을 자연스럽게 일본어로 표현하게 할 것입니다.

🔊 히라가나와 카타카나

일본어 문자 표기에는 히라가나, 카타카나, 한자, 이 세 가지를 병용해서 사용합니다. 히라가나는 인쇄나 필기 등의 모든 표기에 쓰이는 기본 문자이며, 카타카나는 주로 외래어를 표기할 때 사용합니다. *카타카나는 별색으로 표시하였습니다.

あ ア	い イ	う ウ	え エ	お オ
아 a	이 i	우 u	에 e	오 o
か カ	き キ	く ク	け ケ	こ コ
카 ka	키 ki	쿠 ku	케 ke	코 ko
さ サ	し シ	す ス	せ セ	そ ソ
사 sa	시 si	스 su	세 se	소 so
た タ	ち チ	つ ツ	て テ	と ト
타 ta	치 chi	츠 tsu	테 te	토 to
な ナ	に ニ	ぬ ヌ	ね ネ	の ノ
나 na	니 ni	누 nu	네 ne	노 no
は ハ	ひ ヒ	ふ フ	へ ヘ	ほ ホ
하 ha	히 hi	후 hu	헤 he	호 ho
ま マ	み ミ	む ム	め メ	も モ
마 ma	미 mi	무 mu	메 me	모 mo
や ヤ		ゆ ユ		よ ヨ
야 ya		유 yu		요 yo
ら ラ	り リ	る ル	れ レ	ろ ロ
라 ra	리 ri	루 ru	레 re	로 ro
わ ワ				を ヲ
와 wa				오 o
ん ン				
응 n,m,ng				

◀) 탁음과 반탁음

か さ た は행의 글자 오른쪽 윗부분에 탁점(ﾞ)을 붙인 음을 탁음이라고 하며, 반탁음은 は행의 오른쪽 윗부분에 반탁점(ﾟ)을 붙인 것을 말합니다.

が ガ 가 ga	ぎ ギ 기 gi	ぐ グ 구 gu	げ ゲ 게 ge	ご ゴ 고 go
ざ ザ 자 za	じ ジ 지 zi	ず ズ 즈 zu	ぜ ゼ 제 ze	ぞ ゾ 조 zo
だ ダ 다 da	ぢ ヂ 지 zi	づ ヅ 즈 zu	で デ 데 de	ど ド 도 do
ば バ 바 ba	び ビ 비 bi	ぶ ブ 부 bu	べ ベ 베 be	ぼ ボ 보 bo
ぱ パ 파 pa	ぴ ピ 피 pi	ぷ プ 푸 pu	ぺ ペ 페 pe	ぽ ポ 포 po

◀) 발음

ん은 단어의 첫머리에 올 수 없으며 항상 다른 글자 뒤에 쓰여 우리말의 받침과 같은 구실을 합니다. ん 다음에 오는 글자의 영향에 따라 다음과 같은 소리가 납니다.

ㅇ ん(ン) 다음에 か が행의 글자가 이어지면 「ㅇ」으로 발음한다.
えんき [엥끼] 연기　　　　　　ミンク [밍쿠] 밍크

ㄴ ん(ン) 다음에 さ ざ た だ な ら행의 글자가 이어지면 「ㄴ」으로 발음한다.
かんし [간시] 감시　　　　　　はんたい [한따이] 반대
ヒント [힌토] 힌트　　　　　　パンダ [판다] 팬더

ㅁ ん(ン) 다음에 ま ば ぱ행의 글자가 이어지면 「ㅁ」으로 발음한다.
あんま [암마] 안마　　　　　　テンポ [템포] 템포

ㅇ ん(ン) 다음에 あ は や わ행의 글자가 이어지면 「ㄴ」과 「ㅇ」의 중간음으로 발음한다. 또한 단어 끝에 ん이 와도 마찬가지이다.
れんあい [렝아이] 연애　　　　にほん [니홍] 일본

◀ 요음

요음이란 い단 글자 중 자음에 반모음의 작은 글자 ゃゅょ를 붙인 음으로 우리말의 ㅑ ㅠ ㅛ 같은 역할을 합니다.

きゃ キャ 캬 kya	きゅ キュ 큐 kyu	きょ キョ 쿄 kyo
しゃ シャ 샤 sha(sya)	しゅ シュ 슈 shu(syu)	しょ ショ 쇼 sho(syo)
ちゃ チャ 챠 cha(tya)	ちゅ チュ 츄 chu(tyu)	ちょ チョ 쵸 cho(tyo)
にゃ ニャ 냐 nya	にゅ ニュ 뉴 nyu	にょ ニョ 뇨 nyo
ひゃ ヒャ 햐 hya	ひゅ ヒュ 휴 hyu	ひょ ヒョ 효 hyo
みゃ ミャ 먀 mya	みゅ ミュ 뮤 myu	みょ ミョ 묘 myo
りゃ リャ 랴 rya	りゅ リュ 류 ryu	りょ リョ 료 ryo
ぎゃ ギャ 갸 gya	ぎゅ ギュ 규 gyu	ぎょ ギョ 교 gyo
じゃ ジャ 쟈 zya(ja)	じゅ ジュ 쥬 zyu(ju)	じょ ジョ 죠 zyo(jo)
びゃ ビャ 뱌 bya	びゅ ビュ 뷰 byu	びょ ビョ 뵤 byo
ぴゃ ピャ 퍄 pya	ぴゅ ピュ 퓨 pyu	ぴょ ピョ 표 pyo

◀» 촉음

촉음은 つ를 작을 글자 っ로 표기하며 뒤에 오는 글자의 영향에 따라 우리말 받침의 ㄱ ㅅ ㄷ ㅂ으로 발음합니다.

| ㄱ | 촉음인 っ(ッ) 다음에 か き く け こ가 이어지면 「ㄱ」으로 발음한다. |

けっか [겍까] 결과　　　　　**サッカー** [삭카ㅡ] 사커, 축구

| ㅅ | 촉음인 っ(ッ) 다음에 さ し す せ そ가 이어지면 「ㅅ」으로 발음한다. |

さっそく [삿소꾸] 속히, 재빨리　　**クッション** [쿳숑] 쿠션

| ㅂ | 촉음인 っ(ッ) 다음에 ぱ ぴ ぷ ぺ ぽ가 이어지면 「ㅂ」으로 발음한다. |

いっぱい [입빠이] 가득　　　　**ヨーロッパ** [요ㅡ롭파] 유럽

| ㄷ | 촉음인 っ(ッ) 다음에 た ち つ て と가 이어지면 「ㄷ」으로 발음한다. |

きって [긷떼] 우표　　　　　**タッチ** [탇치] 터치

*이 책에서는 ㄷ으로 발음하는 경우는 편의상 ㅅ으로 표기하였다.

◀» 장음

장음이란 같은 모음이 중복될 때 앞의 발음을 길게 발음하는 것을 말합니다. 카타카나에서는 장음부호를 ㅡ로 표기합니다.

| あ | あ단에 모음 あ가 이어질 경우 뒤의 모음인 あ는 장음이 된다. |

おかあさん [오까ㅡ상] 어머니　　**スカート** [스카ㅡ토] 스커트

| い | い단에 모음 い가 이어질 경우 뒤의 모음인 い는 장음이 된다. |

おじいさん [오지ㅡ상] 할아버지　　**タクシー** [타쿠시ㅡ] 택시

| う | う단에 모음 う가 이어질 경우 뒤의 모음인 う는 장음이 된다. |

くうき [쿠ㅡ끼] 공기　　　　　**スーパー** [스ㅡ파ㅡ] 슈퍼

| え | え단에 모음 え나 い가 이어질 경우 뒤의 모음인 え와 い는 장음이 된다. |

おねえさん [오네ㅡ상] 누님, 누나　　**えいが** [에ㅡ가] 영화

| お | お단에 모음 お나 う가 이어질 경우 뒤의 모음인 お와 う는 장음이 된다. |

こおり [코ㅡ리] 얼음　　　　　**とうふ** [토ㅡ후] 두부

이 책 의 내 용

PART 02 화제·취미·여가 표현

PART 03 일상생활 · 여행 표현

PART

04

전화·사교·긴급 표현

이제 회화책 한 권 정도는
만만하게 쓰면서 말할 수 있다.

PART

01

인사·감정·의사
표현

인사할 때

 듣기

안녕하세요.(아침)

おはようございます。
오하요- 고자이마스

안녕.(아침)

おはよう。
오하요-

친구나 아랫사람 등, 직장 동료간에 하는 간편한 인사

안녕하세요.(낮)

こんにちは。
곤니찌와

は는 조사이므로 '하'로 발음하지 않고 '와'로 발음한다

안녕하세요.(저녁)

こんばんは。
곰방와

날씨가 좋네요.

いい天気ですね。
이- 텡끼데스네

일상적인 만남에서는 날씨 등으로 인사를 대신하기도 한다

안녕히 주무세요.

お休みなさい。
오야스미나사이

밤에 헤어질 때나 잠들기 전에 하는 인사말

세 번 쓰고 외우기

 말하기

✏ おはようございます。

✏ おはよう。

✏ こんにちは。

✏ こんばんは。

✏ いい天気ですね。

✏ お休みなさい。

Conversation

A: 今日（きょう）はいい天気（てんき）ですね。
B: 本当（ほんとう）にそうですね。

오늘은 날씨가 좋군요.
정말 그렇군요.

19

외출할 때

의미 확인하면서 읽기

듣기

다녀올게요.

行ってきます。

잇떼 기마스

다녀오겠습니다.

行ってまいります。

잇떼 마이리마스

行ってきます보다 정중한 표현

잘 다녀오세요.

行っていらっしゃい。

잇떼 이랏샤이

줄여서 いってらっしゃい라고도 한다

다녀왔습니다.

ただいま。

다다이마

ただいま는 본래 '방금, 이제 막' 이라는 뜻의 부사어이다

어서 오세요.

お帰りなさい。

오까에리나사이

조심해서 다녀와요.

気をつけてね。

기오 쓰께떼네

てね는 ください를 줄여서 쓴 형태이다

세 번 쓰고 외우기

 말하기

✎ 行ってきます。

✎ 行ってまいります。

✎ 行っていらっしゃい。

✎ ただいま。

✎ お帰りなさい。

✎ 気をつけてね。

Conversation

A: いってらっしゃい。
B: 行ってきます。
잘 다녀오세요.
다녀오겠습니다.

의미 확인하면서 읽기

듣기

잘 지내시죠?

お元気ですか。

오겡끼데스까

상대방의 안녕을 묻는 인사말

별일 없으세요?

お変わりありませんか。

오까와리 아리마셍까

요즘 어떠신가요?

この頃はいかがですか。

고노고로와 이까가데스까

いかがですか는 どうですか보다 정중한 표현이다

일은 어떠세요?

仕事はどうですか。

시고또와 도-데스까

그저 그래요.

まあまあです。

마-마-데스

まあまあ 불충분하지만 그 정도로서 만족할 수 있음을 나타냄

좋아 보이네요.

お元気そうですね。

오겡끼 소-데스네

そうです는 양태를 나타낼 때 쓰인다

세 번 쓰고 외우기

 말하기

お元気ですか。

お変わりありませんか。

この頃はいかがですか。

仕事はどうですか。

まあまあです。

お元気そうですね。

Conversation

A: お元気ですか。
B: はい、お陰さまで元気です。

잘 지내십니까?
네, 덕분에 잘 지냅니다.

23

처음 만났을 때

004

의미 확인하면서 읽기

 듣기

처음 뵙겠습니다.

はじめまして。

하지메마시떼

정중하게 말할 때는 뒤에 どうぞよろしく를 붙인다

잘 부탁합니다.

どうぞよろしく。

도-조 요로시꾸

부탁드립니다는 뜻의 お願いします를 줄인 형태로 많이 쓰인다

저야말로 잘 부탁합니다.

こちらこそどうぞよろしく。

고찌라꼬소 도-조 요로시꾸

こそ ~이야말로

잘 부탁드립니다.

どうぞよろしくお願いします。

도-조 요로시꾸 오네가이시마스

뵙게 되어 기쁩니다.

お目にかかれて嬉しいです。

오메니카까레떼 우레시-데스

おめにかかる는 뵙다의 뜻으로 見る의 겸양어이다

뵙게 되어 영광입니다.

お目にかかれて光栄です。

오메니카까레떼 코-에-데스

일본어에서는 '영광'을 우리와 반대로 光栄으로 말한다

세 번 쓰고 외우기

 말하기

はじめまして。

どうぞよろしく。

こちらこそどうぞよろしく。

どうぞよろしくお願いします。

お目にかかれて嬉しいです。

お目にかかれて光栄です。

 Conversation

A: はじめまして。どうぞよろしく。
B: お会いできて嬉しいです。

처음 뵙겠습니다. 잘 부탁드립니다.
만나서 반갑습니다.

오랜만에 만났을 때

의미 확인하면서 읽기

듣기

오랜만이군요.

お久_{ひさ}しぶりですね。

오히사시 부리데스네

-ぶり (시간의 경과를 나타내는 말에 붙어) …만에

오래간만입니다.

しばらくでした。

시바라꾸데시다

しばらく 오래간만; 당분간; 오랫동안

오랫동안 격조했습니다.

長_{なが}らくごぶさたしております。

나가라꾸 고부사따시떼 오리마스

뵙고 싶었어요.

お会_あいしたかったんです。

오아이시타깟딴데스

お会いする는 会う(만나다)의 겸양 표현이다

그동안 어떻게 지냈어요?

その後_ごどうでしたか。

소노고 도-데시다까

별고 없으셨지요?

お変_かわりありませんでしたか。

오까와리 아리마센데시다까

세 번 쓰고 외우기

✏️ お久しぶりですね。

✏️ しばらくでした。

✏️ 長らくごぶさたしております。

✏️ お会いしたかったんです。

✏️ その後どうでしたか。

✏️ お変わりありませんでしたか。

Conversation

A: お久_{ひさ}しぶりですね。

B: 田中_{たなか}くん、久_{ひさ}しぶりだね。

오랜만이군요.

다나카, 오랜만이야.

27

헤어질 때

의미 확인하면서 읽기

듣기

안녕히 가세요(계세요).

さようなら。

사요-나라

오랫동안 헤어질 때 쓰는 인사말

안녕히 가세요.

ご機嫌よう。

고끼겡요-

만났을 때나 헤어질 때의 인사말; 안녕하십니까; 안녕히 가[계]십시오

그럼, 또 내일 봐요.

では、またあした。

데와, 마따 아시따

매일 만나고 헤어질 때 쓰는 가벼운 인사말

그럼, 또 봐.

じゃ、またね。

쟈, 마따네

또 만나요.

また会いましょう。

마따 아이마쇼-

모두에게 안부 전해 주세요.

皆さまによろしく。

미나사마니 요로시꾸

뒤에 よろしくお願いします가 생략된 형태의 인사말

세 번 쓰고 외우기

✎ さようなら。

✎ ご機嫌よう。

✎ では、またあした。

✎ じゃ、またね。

✎ また会いましょう。

✎ 皆さまによろしく。

Conversation

A: ご機嫌<ruby>機嫌<rt>き げん</rt></ruby>よう。

B: さようなら。また会<ruby>会<rt>あ</rt></ruby>う日<ruby>日<rt>ひ</rt></ruby>まで。

안녕.

다시 만날 때까지 안녕.

007 고마울 때

의미 확인하면서 읽기

고마워요.

ありがとう。

아리가또-

가볍게 고마움을 나타낼 때 쓰는 말

대단히 고맙습니다.

どうもありがとうございます。

도-모 아리가또- 고자이마스

정중하게 고마움을 나타낼 때 쓰는 말

그동안 감사했습니다.

今までありがとうございました。

이마마데 아리가또- 고자이마시다

여러 가지로 신세가 많았습니다.

いろいろお世話になりました。

이로이로 오세와니 나리마시다

おせわになる 신세를 지다

천만에요.

どういたしまして。

도- 이따시마시떼

저야말로.

こちらこそ。

고찌라꼬소

30

✎ ありがとう。

✎ どうもありがとうございます。

✎ 今までありがとうございました。

✎ いろいろお世話になりました。

✎ どういたしまして。

✎ こちらこそ。

Conversation

A: 本当(ほんとう)にありがとうございます。

B: どういたしまして。

정말로 고맙습니다.
천만에요.

31

의미 확인하면서 읽기

듣기

미안해요.

ごめんなさい。

고멘나사이

자신의 실수나 무례를 사과하거나 용서를 구하는 말

죄송합니다.

もう
申しわけありません。

모-시와께 아리마셍

정중하게 사죄를 할 때 쓰인다

늦어서 미안해요.

おく
遅れてすみません。

오꾸레떼 스미마셍

~てすみません ~해서 미안합니다

기다리게 해서 죄송합니다.

ま
お待たせしてすみませんでした。

오마따세시떼 스미마센데시다

待たせる 기다리게 하다

실례했습니다.

しつれい
失礼しました。

시쯔레-시마시다

괜찮아요.

いいんですよ。

이인데스요

세 번 쓰고 외우기

✎ ごめんなさい。

✎ 申しわけありません。

✎ 遅れてすみません。

✎ お待たせしてすみませんでした。

✎ 失礼しました。

✎ いいんですよ。

Conversation

A: あっ、ごめんなさい。大丈夫ですか。
B: ええ、わたしは大丈夫です。
앗, 미안해요. 괜찮으세요?
예, 저는 괜찮아요.

33

축하할 때

009

의미 확인하면서 읽기

듣기

축하해요.

おめでとう。

오메데또-

가볍게 축하할 때 쓰이는 말

축하합니다.

おめでとうございます。

오메데또- 고자이마스

진심으로 축하드립니다.

こころからお祝い申し上げます。

고꼬로까라 오이와이 모-시아게마스

정중하게 축하할 때 쓰이는 말

생일 축하해.

お誕生日おめでとう。

오딴죠-비 오메데또-

축하해요. 다행이네요.

おめでとう。よかったですね。

오메데또-. 요깟따데스네

당신 덕분입니다.

あなたのお陰です。

아나따노 오까게데스

おかげ 덕분, 덕택

세 번 쓰고 외우기

✎ おめでとう。

✎ おめでとうございます。

✎ こころからお祝い申し上げます。

✎ お誕生日おめでとう。

✎ おめでとう。よかったですね。

✎ あなたのお陰です。

Conversation

A: 誕生日おめでとう。
<ruby>誕生日<rt>たんじょう び</rt></ruby>

B: ありがとう。

생일 축하해.
고마워.

어서 오세요!

いらっしゃい!

이랏샤이

いらっしゃいませ를 줄인 형태

자 들어오십시오!

どうぞお入りください!

도-조 오하이리 구다사이

대환영입니다.

大歓迎です。

다이캉게-데스

잘 오셨습니다.

ようこそおいでくださいました。

요-꼬소 오이데 구다사이마시다

ようこそ 상대의 방문을 환영할 때 쓰는 말

진심으로 환영합니다.

こころより歓迎いたします。

고꼬로요리 캉게- 이따시마스

꼭 오십시오.

ぜひいらしてください。

제히 이라시떼 구다사이

いらして는 いらっしゃって의 줄임말

세 번 쓰고 외우기

✎ いらっしゃい！

✎ どうぞお入りください！

✎ 大歓迎です。

✎ ようこそおいでくださいました。

✎ こころより歓迎いたします。

✎ ぜひいらしてください。

Conversation

A: ようこそ韓国（かんこく）へ。

B: はい、どうも。

한국에 잘 오셨습니다.
네, 고마워요.

앞에서 배운 대화 내용입니다. 빈 칸을 채워보세요. 기억이 잘 안 난다고요? 걱정마세요. >>

001

A: 今日は＿＿＿＿＿＿＿＿＿＿。

B: 本当にそうですね。

오늘은 날씨가 좋군요.
정말 그렇군요.

002

A: いってらっしゃい。

B: ＿＿＿＿＿＿＿＿。

잘 다녀오셔요.
다녀오겠습니다.

003

A: お元気ですか。

B: はい、お陰さまで＿＿＿＿＿＿＿＿。

잘 지내십니까?
네, 덕분에 잘 지냅니다.

004

A: ＿＿＿＿＿＿＿＿。どうぞよろしく。

B: お会いできて嬉しいです。

처음 뵙겠습니다. 잘 부탁드립니다.
만나서 반갑습니다.

005

A: お久しぶりですね。

B: 田中くん、＿＿＿＿＿＿＿＿。

오랜만이군요.
다나카, 오랜만이야.

>> 녹음이 있잖아요. 녹음을 듣고 써보세요. 장답은 각각의 페이지에서 확인하세요.

006

A: ご機嫌よう。

B: _____。また会う日まで。

안녕.

다시 만날 때까지 안녕.

007

A: 本当にありがとうございます。

B: _____。

정말로 고맙습니다.

천만에요.

008

A: あっ、_____。大丈夫ですか。

B: ええ、わたしは大丈夫です。

앗, 미안해요. 괜찮으세요?

예, 저는 괜찮아요.

009

A: 誕生日_____。

B: ありがとう。

생일 축하해.

고마워.

010

A: _____韓国へ。

B: はい、どうも。

한국에 잘 오셨습니다.

네, 고마워요.

행복과 행운을 빌 때

의미 확인하면서 읽기

듣기

부디 행복하세요.

どうぞお幸せに。

도-조 오시아와세니

행복을 빌게요.

幸せを祈ります。

시아와세오 이노리마스

내내 행복하시기를.

いつまでも幸福でありますように。

이쯔마데모 코-후꾸데 아리마스요-니

~ように ~하도록

새해 복 많이 받으세요.

明けましておめでとうございます。

아께마시떼 오메데또- 고자이마스

여러분, 새해 복 많이 받으세요.

皆さん、新年おめでとう。

미나상, 신넹 오메데또-

행운을 빌겠습니다.

幸運を祈ります。

코-웅오 이노리마스

세 번 쓰고 외우기

말하기

✎ どうぞお幸せに。

✎ 幸せを祈ります。

✎ いつまでも幸福でありますように。

✎ あけましておめでとうございます。

✎ 皆さん、新年おめでとう。

✎ 幸運を祈ります。

Conversation

A: あたった!
B: 本当に? それはおめでとう。
　　ほんとう

당첨됐어!
정말이니? 그거 축하해.

41

정말 기쁘네요.

本当に嬉しいですね。

혼또-니 우레시-데스네

무척 즐거워요.

とても楽しいですよ。

도떼모 다노시-데스요

기분 최고예요.

最高の気分ですよ。

사이꼬-노 기분데스요

最高 ↔ 最低（さいてい）최저, 저질

이렇게 기쁜 일은 없어요.

これほど嬉しいことはありません。

고레호도 우레시- 고또와 아리마셍

꿈꾸고 있는 것 같아요.

夢見てるようです。

유메미떼루 요-데스

~ているようです ~하고 있는 것 같습니다

기뻐서 말이 안 나와요.

嬉しくて言葉になりません。

우레시꾸떼 고또바니 나리마셍

세 번 쓰고 외우기

✏ 本当に嬉しいですね。

✏ とても楽しいですよ。

✏ 最高の気分ですよ。

✏ これほど嬉しいことはありません。

✏ 夢見てるようです。

✏ 嬉しくて言葉になりません。

Conversation

A: 来ていただいて、本当に嬉しかったです。

B: わたしも。きょうは楽しかったです。

와 주셔서 정말 기뻤습니다.
저도 오늘 즐거웠어요.

화날 때

013

의미 확인하면서 읽기

듣기

열 받아.

頭にきたよ。

아따마니 기따요

頭に来る 부아가 나다; (속이) 울컥울컥 치밀다

정말 화가 나.

本当に腹が立つよ。

혼또-니 하라가 다쯔요

腹が立つ 화가 나다 / 腹を立てる 화를 내다

바보 취급하지 마요!

ばかにしないでよ!

바까니 시나이데요

~ないでよ ~하지 말아요

더 이상 참을 수 없어요.

もう我慢できないんですよ。

모- 가만 데끼나인데스요

진정해요!

落ち着いて!

오찌쓰이떼

ください를 줄인 형태

화낼 필요는 없습니다.

怒る必要はありません。

오꼬루 히쯔요-와 아리마셍

44

세 번 쓰고 외우기

✎ 頭にきたよ。

✎ 本当に腹が立つよ。

✎ ばかにしないでよ!

✎ もう我慢できないんですよ。

✎ 落ち着いて!

✎ 怒る必要はありません。

Conversation

A: 頭にきたよ。
B: その気持ちはよくわかります。

열 받네.
그 기분은 잘 알겠습니다.

슬프거나 외로울 때

의미 확인하면서 읽기

왠지 슬프군요.

なんだか悲しいですね。

난다까 가나시-데스네

정말로 상처받았어요.

本当に傷付いたんですよ。

혼또-니 기즈쓰이딴데스요

傷つく (몸을) 다치다; 상처를 입다

오늘은 쓸쓸하군요.

今日は寂しいですね。

쿄-와 사비시-데스네

난 늘 외로워요.

わたしはいつも孤独です。

와따시와 이쯔모 고도꾸데스

아무 것도 할 마음이 안 생겨요.

何もやる気が起きません。

나니모 야루 기가 오끼마셍

やる気 ~을 할 마음; 하고 싶은 기분

왜 우울하세요?

どうして憂鬱ですか。

도-시떼 유-우쯔데스까

세 번 쓰고 외우기

🖊 なんだか悲しいですね。

🖊 本当に傷付いたんですよ。

🖊 今日は寂しいですね。

🖊 わたしはいつも孤独です。

🖊 何もやる気が起きません。

🖊 どうして憂鬱ですか。

Conversation

A: 今日は憂鬱だ。
　　きょう　ゆううつ
B: どうして憂鬱なの?
　　　　　ゆううつ
오늘은 우울해.
왜 우울한데?

47

놀랍거나 무서울 때

의미 확인하면서 읽기

듣기

깜짝 놀랐어요.

びっくりしましたよ。

빅꾸리시마시따요

びっくりする 깜짝 놀라다

그럴 리가 없어요.

そんなはずはありません。

손나 하즈와 아리마셍

~はずがない ~할 리가 없다

그거 놀랍군요.

それは驚きましたね。
おどろ

소레와 오도로끼마시따네

놀라게 하지 마세요.

びっくりさせないでよ。

빅꾸리 사세나이데요

びっくりさせる 깜짝 놀라게 하다

정말로 무섭군요.

本当に恐ろしいですね。
ほんとう　　おそ

혼또-니 오소로시-데스네

뒤탈이 무서워요.

後のたたりが恐ろしいですよ。
あと　　　　　おそ

아또노 다따리가 오소로시-데스요

あとのたたり 뒤탈

48

학습일 /

세 번 쓰고 외우기

말하기

びっくりしましたよ。

そんなはずはありません。

それは驚きましたね。

びっくりさせないでよ。

本当に恐ろしいですね。

後のたたりが恐ろしいですよ。

Conversation

A: 大丈夫(だいじょうぶ)ですか。

B: ええ、ちょっとびっくりしただけです。

괜찮아요?

예, 좀 놀랐을 뿐이에요.

016 걱정하거나 위로할 때

의미 확인하면서 읽기

듣기

괜찮아요?

だいじょうぶ
大丈夫ですか。

다이죠-부데스까

大丈夫 괜찮음; 걱정[관계, 문제]없음; 틀림없음

어디 몸이 불편하세요?

ぐあい　　わる
どこか具合が悪いんですか。

도꼬까 구아이가 와루인데스까

具合が悪い 상태가[형편이] 좋지 않다

무리하지 않는 게 좋겠어요.

む　り
無理しないほうがいいですよ。

무리시나이 호-가 이-데스요

~ないほうがいい ~하지 않은 게 좋다

기분은 어때요?

き　ぶん
気分はどうですか。

기붕와 도-데스까

무슨 걱정거리라도 있어요?

なに　　　しんぱいごと
何か心配事でもありますか。

나니까 심빠이고또데모 아리마스까

무슨 일이 있었어요?

なに
何かあったんですか。

나니까 앗딴데스까

50

세 번 쓰고 외우기

📢 말하기

✏ 大丈夫ですか。

✏ どこか具合が悪いんですか。

✏ 無理しないほうがいいですよ。

✏ 気分はどうですか。

✏ 何か心配事でもありますか。

✏ 何かあったんですか。

Conversation

A: どうしたの？ 元気なさそうだな。
B: いや、別に。
무슨 일 있니? 힘이 없어 보이는데.
아니, 별로.

감탄하거나 칭찬할 때

의미 확인하면서 읽기

정말로 멋지군요.

本当にすばらしいですね。

혼또-니 스바라시-데스네

야, 굉장하군요.

いや、すごいですね。

이야, 스고이데스네

すごい 굉장하다; 지독하다; 대단하다

정말 훌륭한 사람이군요.

本当に偉い人ですね。

혼또-니 에라이 히또데스네

대단하군요.

大したもんですね。

다이시따몬데스네

大した 대단한, 엄청난, 굉장한

훌륭합니다.

お見事です。

오미고또데스

칭찬해 주셔서 고마워요.

お誉めいただいてありがとう。

오호메 이따다이떼 아리가또-

お~いただいて ~받아서, ~해 주셔서

세 번 쓰고 외우기

 말하기

✎ 本当にすばらしいですね。

✎ いや、すごいですね。

✎ 本当に偉い人ですね。

✎ 大したもんですね。

✎ お見事です。

✎ お誉めいただいてありがとう。

Conversation

A: 新しいネクタイ、とても似合いますよ。
B: そう言ってくれて嬉しいですね。

새 넥타이 잘 어울려요.
그렇게 말해 주니 기쁘네요.

저기요.

あのね。

아노네

말을 꺼낼 때 쓰는 말

이봐. 어딜 가는 거야?

おい、どこへ行くんだ。

오이, 도꼬에 이꾼다

おい 친한 사이나 아랫사람을 부를 때 쓰는 말 : 여봐; 이봐

저, 미안합니다.

あの、すみません。

아노, 스미마셍

あの 생각이나 말이 막혔을 때 내는 소리 : 저

여보세요.

もしもし。

모시모시

もしもし 상대를 부를 때 말

잠깐 실례해요.

ちょっとすみません。

춋또 스미마셍

すみません은 사람을 부를 때 일반적으로 쓰이는 말이다

잠깐만요.

ちょっと待って。

춋또 맛떼

ちょっと待ってください 잠깐 기자려 주세요

세 번 쓰고 외우기

학습일

✎ あのね。

✎ おい、どこへ行くんだ。

✎ あの、すみません。

✎ もしもし。

✎ ちょっとすみません。

✎ ちょっと待って。

Conversation

A: あのう、吉村さん。
B: はい、田中さん。どうしました?

저一, 요시무라 씨!
네, 다나카 씨. 무슨 일이죠?

맞장구칠 때

019

의미 확인하면서 읽기

듣기

맞아요.

そのとおりです。

소노 도-리데스

상대의 말에 긍정적인 맞장구

그러면 좋겠군요.

そうだといいですね。

소-다또 이-데스네

그랬어요?

そうでしたか。

소-데시다까

그래요, 그거 안됐군요.

そうですか、それはいけませんね。

소-데스까, 소레와 이께마센네

いけない 안되다, 좋지 않다, 나쁘다

그래요, 몰랐어요.

そうですか、知りませんでした。

소-데스까, 시리마센데시다

나도 그렇게 생각해요.

わたしもそう思いますね。

와따시모 소- 오모이마스네

세 번 쓰고 외우기

학습일

말하기

✏ そのとおりです。

✏ そうだといいですね。

✏ そうでしたか。

✏ そうですか、それはいけませんね。

✏ そうですか、知りませんでした。

✏ わたしもそう思いますね。

Conversation

A: そのとおりですね。

B: そうですよ。おっしゃるとおりです。
그래 맞아요.
그래요. 맞는 말씀입니다.

57

네?

はい?
하이

끝을 올려 말한다

뭐라고요?

何ですって?
난데슷떼

상대방의 말을 반문하면서 그따위 일은 있을 수 없다는 뜻으로 쓰임

뭐요?

何?
나니

뭐라고 하셨어요?

何とおっしゃいましたか。
난또 옷샤이마시다까

おっしゃる 말씀하시다

무슨 일이에요?

何でしょうか。
난데쇼-까

저 말이에요?

わたしのことですか。
와따시노 고또데스까

🔊 말하기

✏ はい？

✏ 何ですって？

✏ 何？

✏ 何とおっしゃいましたか。

✏ 何でしょうか。

✏ わたしのことですか。

Conversation

A: 何^{なん}ですって？

B: だから、言^いったじゃないの。

뭐라고요?

그러니까 말했잖아.

앞에서 배운 대화 내용입니다. 빈 칸을 채워보세요. 기억이 잘 안 난다고요? 걱정마세요. >>

011

A: _____!

B: 本当（ほんとう）に? それはおめでとう。

당첨됐어!
정말이니? 그거 축하해.

012

A: 来（き）ていただいて、本当（ほんとう）に嬉（うれ）しかったです。

B: わたしも。_____。

와 주셔서 정말 기뻤습니다.
저도 오늘 즐거웠어요.

013

A: _____。

B: その気持（きも）ちはよくわかります。

열 받네.
그 기분은 잘 알겠습니다.

014

A: 今日（きょう）は憂鬱（ゆううつ）だ。

B: どうして_____?

오늘은 우울해.
왜 우울한데?

015

A: 大丈夫（だいじょうぶ）ですか。

B: ええ、ちょっと_____。

괜찮아요?
예, 좀 놀랐을 뿐이에요.

>> 녹음이 있잖아요. 녹음을 듣고 써보세요. 장답은 각각의 페이지에서 확인하세요.

016

A: _____? 元気なさそうだな。

B: いや、別に。

무슨 일 있니? 힘이 없어 보이는데.

아니, 별로.

017

A: 新しいネクタイ、_____。

B: そう言ってくれて嬉しいですね。

새 넥타이 잘 어울려요.

그렇게 말해 주니 기쁘네요.

018

A: _____、吉村さん。

B: はい、田中さん。どうしました?

저―, 요시무라 씨!

네, 다나카 씨. 무슨 일이죠?

019

A: そのとおりですね。

B: そうですよ。_____。

그래 맞아요.

그래요. 맞는 말씀입니다.

020

A: _____?

B: だから、言ったじゃないの。

뭐라고요?

그러니까 말했잖아.

질문할 때

의미 확인하면서 읽기

듣기

하나 더 질문이 있습니다.

もう一つ、質問があります。
ひと　　　しつもん

모- 히또쯔, 시쯔몽가 아리마스

그건 무슨 뜻이에요?

それはどういう意味ですか。
い　み

소레와 도-유- 이미데스까

네, 그래요.

はい、そうです。

하이, 소-데스

네, 알겠어요.

はい、わかりました。

하이, 와까리마시다

아뇨, 그렇지 않아요.

いいえ、そうじゃありません。

이-에, 소-쟈 아리마셍

아뇨, 달라요.

いいえ、違います。
ちが

이-에, 치가이마스

세 번 쓰고 외우기

もう一つ、質問があります。

それはどういう意味ですか。

はい、そうです。

はい、わかりました。

いいえ、そうじゃありません。

いいえ、違います。

Conversation

A: もう一つ、質問があります。

B: はい、何ですか。

하나 더 질문이 있습니다.
네, 뭐죠?

부탁할 때

의미 확인하면서 읽기

부탁드려도 될까요?

お願いしてもいいですか。

오네가이 시떼모 이-데스까

~てもいいですか ~해도 될까요?

부탁이 있는데요.

お願いがあるんですが。

오네가이가 아룬데스가

잠깐 괜찮아요?

ちょっといいですか。

촛또 이-데스까

좀 도와줄래요?

ちょっと手伝ってくれますか。

촛또 데쓰닷떼 구레마스까

~てくれる ~해주다

예, 그러세요.

ええ、どうぞ。

에-, 도-조

どうぞ 상대에게 무엇을 권하거나 부탁하는 기분을 나타내는 완곡하고 공손한 말

좀 생각해 볼게요.

ちょっと考えておきます。

촛또 강가에떼 오끼마스

~ておく ~해두다

말하기

お願いしてもいいですか。

お願いがあるんですが。

ちょっといいですか。

ちょっと手伝ってくれますか。

ええ、どうぞ。

ちょっと考えておきます。

Conversation

A: わたしが案内しましょう。

B: どうも、よろしければお願いします。

내가 안내할게요.
고마워요, 괜찮다면 부탁할게요.

65

023

제안하거나 권유할 때

의미 확인하면서 읽기

듣기

제안이 하나 있는데요.

ひとつ提案があるんですが。

히또쯔 테-앙가 아룬데스가

좋은 생각이 있는데요.

いい考えがあるんですが。

이- 강가에가 아룬데스가

이런 식으로 해보면 어떨까요?

こんなふうにしてみたらどうですか。

곤나 후-니 시떼 미따라 도-데스까

~てみたらどうですか ~해보면 어떨까요?

이건 어떻습니까?

これはいかがですか。

고레와 이까가데스까

물론이죠.

もちろんです。

모찌론데스

아뇨, 됐어요.

いいえ、結構です。

이-에, 겍꼬데스

けっこう 괜찮음; 이제 됐음(정중하게 사양하는 뜻으로도 씀)

66

세 번 쓰고 외우기

🔊 말하기

✏ ひとつ提案があるんですが。

✏ いい考えがあるんですが。

✏ こんなふうにしてみたらどうですか。

✏ これはいかがですか。

✏ もちろんです。

✏ いいえ、結構です。

Conversation

A: お茶をどうぞ。

B: これは何のお茶ですか。

차 좀 드세요.

이건 무슨 차예요?

이해했는지 묻고 답할 때

의미 확인하면서 읽기

듣기

이제 알겠어요?

これでわかりますか。

고레데 와까리마스까

わかる 판단·이해할 수 있다

말하는 것을 알겠어요?

言っていることがわかりますか。

잇떼이루 고또가 와까리마스까

그렇군요, 알겠어요.

なるほど、わかります。

나루호도, 와까리마스

なるほど (남의 주장을 긍정할 때나, 상대방 말에 맞장구 치며) 정말; 과연

모르겠어요.

わかりません。

와까리마셍

잘 모르겠어요.

よくわからないのです。

요꾸 와까라나이노데스

정말로 몰라요.

本当に知らないんです。

혼또-니 시라나인데스

知る 알다

세 번 쓰고 외우기

🔊 **말하기**

✏️ これでわかりますか。

✏️ 言っていることがわかりますか。

✏️ なるほど、わかります。

✏️ わかりません。

✏️ よくわからないのです。

✏️ 本当に知らないんです。

Conversation

A: ここまでわかりましたか。
B: はい、わかりました。もう少し進んでください。
여기까지 알겠어요?
네, 알았어요. 좀 더 하세요.

69

당신은 어떻게 생각하세요?

あなたはどう思いますか。

아나따와 도- 오모이마스까

당신의 의견은 어때요?

あなたの意見はどうですか。

아나따노 이껭와 도-데스까

제 생각을 말할게요.

わたしの考えを言わせてください。

와따시노 강가에오 이와세떼 구다사이

~せてください ~하게 해 주세요 , (제가) ~할게요

제 의견을 말씀드릴게요.

わたしの意見を申し上げます。

와따시노 이껭오 모-시아게마스

申し上げる 말씀드리다

그렇게 생각해요.

そう思います。

소- 오모이마스

그렇게 생각하지 않아요.

そう思いません。

소- 오모이마셍

세 번 쓰고 외우기

✎ あなたはどう思いますか。

✎ あなたの意見はどうですか。

✎ わたしの考えを言わせてください。

✎ わたしの意見を申し上げます。

✎ そう思います。

✎ そう思いません。

Conversation

A: あなたはどう思いますか。
B: わたしも同感です。

당신은 어떻게 생각하세요?
저도 같은 생각이에요.

71

앞에서 배운 대화 내용입니다. 빈 칸을 채워보세요. 기억이 잘 안 난다고요? 걱정마세요.
녹음이 있잖아요. 녹음을 듣고 써보세요. 장답은 각각의 페이지에서 확인하세요.

021

A: もう一つ、＿＿＿＿＿＿＿＿＿＿＿＿。

B: はい、なんですか。

하나 더 질문이 있습니다.
네, 뭐죠?

022

A: わたしが案内しましょう。

B: どうも、よろしければ＿＿＿＿＿＿＿＿＿＿＿。

내가 안내할게요.
고마워요, 괜찮다면 부탁할게요.

023

A: お茶を＿＿＿＿＿＿。
B: これは何のお茶ですか。

차 좀 드세요.
이건 무슨 차예요?

024

A: ここまでわかりましたか。

B: はい、＿＿＿＿＿＿。もう少し進んでください。

여기까지 알겠어요?
네, 알았어요. 좀 더 하세요.

025

A: あなたは＿＿＿＿＿＿＿＿＿＿＿。
B: わたしも同感です。

당신은 어떻게 생각하세요?
저도 같은 생각이에요.

이제 회화책 한 권 정도는
만만하게 쓰면서 말할 수 있다.

PART

02

· · ·

화제 · 취미 · 여가
표현

시간에 대해 말할 때

의미 확인하면서 읽기

지금 몇 시입니까?

いま、何時ですか。

이마, 난지데스까

何分(なんぷん) 몇 분 / 何秒(なんびょう) 몇 초

10시 5분전입니다.

10時5分前です。

쥬-지 고훔마에데스

ちょうど 꼭; 정확히

9시 15분이 지났어요.

9時15分過ぎです。

쿠지 쥬-고훈 스기데스

-すぎ (때를 나타내는 名詞에 붙어) 지나감

몇 시에 약속이 있어요?

何時に約束がありますか。

난지니 약소꾸가 아리마스까

이제 갈 시간이에요.

もう行く時間ですよ。

모- 이꾸 지깐데스요

시간이 없어요.

時間がありませんよ。

지깡가 아리마셍요

74

세 번 쓰고 외우기

✎ いま、何時ですか。

✎ 10時5分前です。

✎ 9時15分過ぎです。

✎ 何時に約束がありますか。

✎ もう行く時間ですよ。

✎ 時間がありませんよ。

Conversation

A: そろそろ帰りましょうか。
B: もう、こんな時間ですね。

이제 갈까요?
벌써 시간이 되었네요.

의미 확인하면서 읽기

 듣기

오늘은 며칠입니까?

きょう　なんにち
今日は何日ですか。

쿄-와 난니찌데스까

きのう어제 / あした 내일

오늘은 무슨 요일입니까?

きょう　なんようび
今日は何曜日ですか。

쿄-와 낭요-비데스까

日(にち) 月(げつ) 火(か) 水(すい) 木(もく) 金(きん) 土(ど)

오늘은 몇 월 며칠입니까?

きょう　なんがつなんにち
今日は何月何日ですか。

쿄-와 낭가쯔 난니찌데스까

당신의 생일은 언제입니까?

たんじょうび
あなたの誕生日はいつですか。

아나따노 탄죠-비와 이쯔데스까

몇 년생이세요?

なんねん　う
何年の生まれですか。

난넨노 우마레데스까

무슨 띠이세요?

なにどし
何年ですか。

나니도시데스까

세 번 쓰고 외우기

📢 말하기

✏ 今日は何日ですか。 😋😋😋

✏ 今日は何曜日ですか。 😋😋😋

✏ 今日は何月何日ですか。 😋😋😋

✏ あなたの誕生日はいつですか。 😋😋😋

✏ 何年の生まれですか。 😋😋😋

✏ 何年ですか。 😋😋😋

Conversation

A: 今日は何日ですか。
きょう　なんにち

B: 4月24日です。今年はうるう年ですよ。
がつ　か　　　　ことし　　　　　どし

오늘은 며칠인가요?
4월 24일입니다. 올해는 윤년이에요.

77

오늘은 날씨가 어때요?

今日はどんな天気ですか。

쿄-와 돈나 텡끼데스까

주말 날씨는 어때요?

週末の天気はどうですか。

슈-마쯔노 텡끼와 도-데스까

月末(げつまつ) 월말 / 年末(ねんまつ) 연말

점점 따뜻해지는군요.

だんだん暖かくなってきましたね。

단당 아따따까꾸낫떼 기마시따네

あたたかい는 줄여서 あったかい라고도 한다

오늘은 상당히 덥군요.

今日はなかなか暑いですね。

쿄-와 나까나까 아쯔이데스네

시원해서 기분이 좋군요.

涼しくて気持ちがいいですね。

스즈시꾸떼 기모찌가 이-데스네

추워졌어요.

寒くなりましたね。

사무꾸 나리마시따네

형용사 ~くなる ~해지다

78

세 번 쓰고 외우기

今日はどんな天気ですか。 😋😋😋

週末の天気はどうですか。 😋😋😋

だんだん暖かくなってきましたね。 😋😋😋

今日はなかなか暑いですね。 😋😋😋

涼しくて気持ちがいいですね。 😋😋😋

寒くなりましたね。 😋😋😋

Conversation

A: 今日（きょう）はいい天気（てんき）ですね。
B: そうですね。こんな日（ひ）はどこかへ行（い）きたくなります。

오늘은 날씨가 좋군요.
그렇군요. 이런 날은 어딘가 떠나고 싶어져요. 😗😗😗

79

계절에 대해 말할 때

의미 확인하면서 읽기

이제 곧 따뜻한 봄이군요.

もうすぐ暖かい春ですね。

모- 스구 아따따까이 하루데스네

장마가 들었어요.

梅雨に入りましたよ。

쓰유니 하이리마시따요

つゆ(=ばいう)があける 장마가 걷히다

이제 무더운 여름도 막바지이군요.

もう蒸し暑い夏も終わりですね。

모- 무시아쯔이 나쯔모 오와리데스네

시원한 가을이 되었군요.

涼しい秋になりましたね。

스즈시- 아끼니 나리마시따네

명사 ~になる ~이(가) 되다

드디어 추운 겨울이군요.

いよいよ寒い冬ですね。

이요이요 사무이 후유데스네

春夏秋冬(しゅんかしゅうとう) 춘하추동

해가 무척 짧아졌어요.

すっかり日が短くなりました。

슥까리 히가 미지카꾸 나리마시다

세 번 쓰고 외우기

학습일 /

✏ もうすぐ暖かい春ですね。

✏ 梅雨に入りましたよ。

✏ 蒸し暑い夏も終わりですね。

✏ 涼しい秋になりましたね。

✏ いよいよ寒い冬ですね。

✏ すっかり日が短くなりました。

Conversation

A: 春が待ちどおしいですね。
B: 今年の冬はとても長かったんですからね。

봄이 기다려져요.
올 겨울은 무척 길었으니까요.

81

030

학교에 대해 말할 때

의미 확인하면서 읽기

 듣기

어느 학교를 나왔어요?

どちらの<ruby>学校<rt>がっこう</rt></ruby>を<ruby>出<rt>で</rt></ruby>ましたか。

도찌라노 각꼬-오 데마시다까

어느 대학을 다니고 있어요?

どちらの<ruby>大学<rt>だいがく</rt></ruby>に<ruby>行<rt>い</rt></ruby>っていますか。

도찌라노 다이가꾸니 잇떼 이마스까

小(しょう) 中(ちゅう) 高等学校(こうとうがっこう) 초 중 고등학교

전공은 무엇이에요?

<ruby>専攻<rt>せんこう</rt></ruby>は<ruby>何<rt>なん</rt></ruby>ですか。

셍꼬-와 난데스까

무엇을 전공하셨어요?

<ruby>何<rt>なに</rt></ruby>を<ruby>専攻<rt>せんこう</rt></ruby>なさいましたか。

나니오 셍꼬- 나사이마시다까

なさる 하시다

몇 학년이에요?

<ruby>何年生<rt>なんねんせい</rt></ruby>ですか。

난넨세-데스까

一年生(いちねんせい) 1학년

학생이세요?

<ruby>学生<rt>がくせい</rt></ruby>さんですか。

각세-산데스까

学生 학생 ; 특히 대학생 / 生徒(せいと) 초중고 학생

세 번 쓰고 외우기

말하기

✎ どちらの学校を出ましたか。

✎ どちらの大学に行っていますか。

✎ 専攻は何ですか。

✎ 何を専攻なさいましたか。

✎ 何年生ですか。

✎ 学生さんですか。

Conversation

A: 大学で何を専攻したのですか。
だいがく なに せんこう

B: 経営学です。
けいえいがく

대학에서 무엇을 전공했나요?
경영학입니다.

듣기

무슨 동아리에 들었어요?

何のクラブに入ってるんですか。

난노 쿠라부니 하잇떼룬데스까

クラブ 클럽, 동아리

무슨 아르바이트를 하죠?

何のアルバイトをしているんですか。

난노 아루바이토오 시떼 이룬데스까

언제부터 중간고사가 시작되어요?

いつから中間テストが始まりますか。

이쯔까라 츄-깐 테스토가 하지마리마스까

내일부터 기말시험이에요.

あしたから期末試験です。

아시타까라 기마쯔시껨데스

試験を受(う)ける 시험을 보다

이번 시험은 어땠어요?

今度の試験はどうでしたか。

곤도노 시껨와 도-데시다까

試験に落(お)ちる 시험에 떨어지다 ↔ 試験に受(う)かる 시험에 붙다

졸업하면 어떻게 할 거예요?

卒業したらどうするんですか。

소쯔교-시따라 도- 스룬데스까

84

세 번 쓰고 외우기

何のクラブに入ってるんですか。

何のアルバイトをしているんですか。

いつから中間テストが始まりますか。

あしたから期末試験です。

今度の試験はどうでしたか。

卒業したらどうするんですか。

Conversation

A: 今度の試験はどうでしたか。

B: 思ったよりなかなか難しかったですよ。

이번 시험은 어땠어요?

생각보다 상당히 어려웠어요.

의미 확인하면서 읽기

 듣기

당신은 회사원이세요?

あなたは会社員ですか。

아나따와 카이샤인데스까

サラリーマン 샐러리맨

어느 회사에 근무하세요?

どの会社に勤めていますか。

도노 카이샤니 쓰또메떼 이마스까

~に勤める ~에 근무하다

사무실은 어디에 있어요?

オフィスはどこですか。

오휘스와 도꼬데스까

회사는 어디에 있어요?

会社はどこにあるんですか。

카이샤와 도꼬니 아룬데스까

이 회사에 근무합니다.

この会社に勤めています。

고노 카이샤니 쓰또메떼 이마스

이 회사에서 영업을 하고 있습니다.

この会社で営業をやっています。

고노 카이샤데 에-교-오 얏떼 이마스

세 번 쓰고 외우기

📢 **말하기**

✏ あなたは会社員ですか。　　　😋 😋 😋

✏ どの会社に勤めていますか。　　😋 😋 😋

✏ オフィスはどこですか。　　　😋 😋 😋

✏ 会社はどこにあるんですか。　　😋 😋 😋

✏ この会社に勤めています。　　　😋 😋 😋

✏ この会社で営業をやっています。　😋 😋 😋

Conversation

A: どのような会社で働いているのですか。

B: 貿易会社で働いています。

어떤 회사에서 일하세요?
무역회사에서 일하고 있습니다.

😉 😉 😉

033 직장생활에 대해 말할 때

의미 확인하면서 읽기

듣기

자, 일을 시작합시다.

さあ、仕事を始めましょう。

사-, 시고또오 하지메마쇼-

잠깐 쉽시다.

ひと休みしましょう。

히또야스미 시마쇼-

ひと休み 잠깐 쉼

곧 점심시간이에요.

そろそろ昼食の時間ですよ。

소로소로 츄-쇼꾸노 지깐데스요

朝食(ちょうしょく) 아침식사 ↔ 夕食(ゆうしょく) 저녁식사

먼저 갈게요.

お先に失礼します。

오사끼니 시쯔레-시마스

수고하셨습니다. 내일 또 봐요!

お疲れさまでした。また明日！

오쓰까레사마데시다. 마따 아시따

퇴근길에 식사라도 할까요?

帰りに食事でもしましょうか。

가에리니 쇼꾸지데모 시마쇼-까

세 번 쓰고 외우기

🔊 말하기

✏ さあ、仕事を始めましょう。

✏ ひと休みしましょう。

✏ そろそろ昼食の時間ですよ。

✏ お先に失礼します。

✏ お疲れさまでした。また明日！

✏ 帰りに食事でもしましょうか。

Conversation

A: 休暇(きゅうか)のときはなにをするつもりですか。
B: まだ決(き)めていません。

휴가 때는 무얼 할 생각이세요?
아직 정하지 않았어요.

89

가족에 대해 말할 때

의미 확인하면서 읽기

가족은 몇 분이세요?
なんにん か ぞく
何人家族ですか。

난닝 카조꾸데스까

형제자매는 있으세요?
きょうだい し まい
兄弟姉妹はおありですか。

쿄-다이 시마이와 오아리데스까

おありですか는 ありますか의 존경 표현아다

형제는 몇 명이세요?
きょうだい　　　なんにん
ご兄弟は何人ですか。

고쿄-다이와 난닌데스까

ご는 존경의 뜻을 나타내는 접두어로 한자어에 접속한다

부모님과 남동생이 있습니다.
りょうしん
両親とおとうとがいます。

료-신또 오또-또가 이마스

우리 집은 대가족입니다.
だい か ぞく
うちは大家族です。

우찌와 다이카조꾸데스

核家族(かくかぞく) 핵가족

아직 아이는 없어요.
こ ども
まだ子供はいません。

마다 고도모와 이마셍

세 번 쓰고 외우기

말하기

✎ 何人家族ですか。

✎ 兄弟姉妹はおありですか。

✎ ご兄弟は何人ですか。

✎ 両親とおとうとがいます。

✎ うちは大家族です。

✎ まだ子供はいません。

 Conversation

A: 何人家族ですか。
　 なんにんかぞく
B: 4人家族です。両親といもうととわたしです。
　 にんかぞく　　　りょうしん
가족은 몇 분이세요?
네 식구입니다. 부모님과 여동생과 저입니다.

의미 확인하면서 읽기

듣기

어디에 사세요?

お住まいどちらですか。

오스마이와 도찌라데스까

住まい 주소, 주거

어느 동네에 사세요?

どこの町にお住まいですか。

도꼬노 마찌니 오스마이데스까

댁은 몇 번지이세요?

お宅は何番地ですか。

오타꾸와 남반찌데스까

직장에서 가까워요?

お勤めからは近いですか。

오쓰또메까라와 치까이데스까

勤め先(さき) 근무처

원룸 맨션에 살고 있나요?

ワンルームマンションに住んでいますか。

완루-무 만숀니 슨데이마스까

댁은 어떤 집이세요?

お宅はどんな家ですか。

오타꾸와 돈나 이에데스까

세 번 쓰고 외우기

학습일

✎ お住まいどちらですか。

✎ どこの町にお住まいですか。

✎ お宅は何番地ですか。

✎ お勤めからは近いですか。

✎ ワンルームマンションに住んでいますか。

✎ お宅はどんな家ですか。

Conversation

A: 来月、いけぶくろに引っ越します。
らいげつ　　　　　　　　　ひ　こ

B: すごいですね。家を買いましたか。
　　　　　　　いえ　か

다음 달, 이케부쿠로로 이사해요.
대단하네요. 집을 샀어요?

앞에서 배운 대화 내용입니다. 빈 칸을 채워보세요. 기억이 잘 안 난다고요? 걱정마세요. >>

026

A: そろそろ帰(かえ)りましょうか。

B: もう、＿＿＿＿＿＿＿＿＿＿＿＿＿＿。

이제 갈까요?
벌써 시간이 되었네요.

027

A: 今日(きょう)は＿＿＿＿＿＿＿＿＿＿＿。

B: 4月(がつ)24日(か)です。今年(ことし)はうるう年(どし)ですよ。

오늘은 며칠인가요?
4월 24일입니다. 올해는 윤년이에요.

028

A: 今日(きょう)は＿＿＿＿＿＿＿＿＿＿＿＿。

B: そうですね。こんな日(ひ)はどこかへ行(い)きたくなります。

오늘은 날씨가 좋군요.
그렇군요. 이런 날은 어딘가 떠나고 싶어져요.

029

A: 春(はる)が＿＿＿＿＿＿＿＿＿＿＿＿。

B: 今年(ことし)の冬(ふゆ)はとても長(なが)かったんですからね。

봄이 기다려져요.
올 겨울은 무척 길었으니까요.

030

A: 大学(だいがく)で＿＿＿＿＿＿＿＿＿＿＿＿＿。

B: 経営学(けいえいがく)です。

대학에서 무엇을 전공했나요?
경영학입니다.

>> 녹음이 있잖아요. 녹음을 듣고 써보세요. 장답은 각각의 페이지에서 확인하세요.

031

A: 今度の試験はどうでしたか。

B: 思ったより_____。

이번 시험은 어땠어요?
생각보다 상당히 어려웠어요.

032

A: どのような_____。

B: 貿易会社で働いています。

어떤 회사에서 일하세요?
무역회사에서 일하고 있습니다.

033

A: 休暇のときは_____。

B: まだ決めていません。

휴가 때는 무얼 할 생각이세요?
아직 정하지 않았어요.

034

A: 何人家族ですか。

B: _____。両親といもうととわたしです。

가족은 몇 분이세요?
네 식구입니다. 부모님과 여동생과 저입니다.

035

A: 来月、いけぶくろに_____。

B: すごいですね。家を買いましたか。

다음 달, 이케부쿠로로 이사해요.
대단하네요. 집을 샀어요?

036

연애에 대해 말할 때

 듣기

우리들은 사이가 좋아요.

わたしたちは仲_{なか}よしです。

와따시타찌와 나까요시데스

仲よし 사이가 좋음

그녀는 그저 친구예요.

彼女_{かのじょ}はほんの友達_{ともだち}ですよ。

가노죠와 혼노 도모타찌데스요

ほんの 그저 명색뿐인; 정말 그 정도밖에 못 되는

이성 친구는 있어요?

異性_{いせい}の友達_{ともだち}はいますか。

이세-노 도모타찌와 이마스까

남자 친구가 있어요?

ボーイフレンドがいますか。

보-이후렌도가 이마스까

ガールフレンド 여자친구

나를 어떻게 생각해요?

わたしのことをどう思_{おも}っていますか。

와따시노 고또오 도- 오못떼 이마스까

나와 사귀지 않을래요?

わたしと付_つき合_あってくれませんか。

와따시또 쓰끼앗떼 구레마셍까

つきあう 사귀다, 교제하다

세 번 쓰고 외우기

✏ わたしたちは仲よしです。

✏ 彼女はほんの友達ですよ。

✏ 異性の友達はいますか。

✏ ボーイフレンドがいますか。

✏ わたしのことをどう思っていますか。

✏ わたしと付き合ってくれませんか。

Conversation

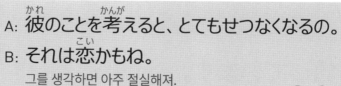
A: 彼のことを考えると、とてもせつなくなるの。
B: それは恋かもね。

그를 생각하면 아주 절실해져.
그게 사랑일지도 몰라.

037

결혼에 대해 말할 때

의미 확인하면서 읽기

듣기

어떤 여자를 좋아하세요?

どんな女性が好きですか。

돈나 죠세-가 스끼데스까

男性(だんせい) 남자

어떤 사람과 결혼하고 싶으세요?

どんな人と結婚したいですか。

돈나 히토또 겍꼰시따이데스까

결혼했어요, 독신이세요?

結婚してますか、独身ですか。

겍꼰시떼 마스까, 도꾸신데스까

우리말 '결혼했습니다'는 結婚しています로 표현한다

언제 그와 결혼하세요?

いつ彼と結婚しますか。

이쯔 가레또 겍꼰시마스까

신혼여행은 하와이로 갈 거예요.

新婚旅行はハワイへ行きます。

싱꼰료꼬-와 하와이에 이끼마스

이혼했어요.

離婚しています。

리꼰시떼 이마스

결혼 표현과 마찬가지로 이혼한 상태이므로 ~ています로 표현한다

세 번 쓰고 외우기

✎ どんな女性が好きですか。

✎ どんな人と結婚したいですか。

✎ 結婚してますか、独身ですか。

✎ いつ彼と結婚しますか。

✎ 新婚旅行はハワイへ行きます。

✎ 離婚しています。

Conversation

かのじょ けっこん
A: 彼女と結婚することにしたよ。

けっしん
B: そうか。よく決心したね。おめでとう。

그녀와 결혼하기로 했어.
그래? 잘 결심했어. 축하해.

99

듣기

취미는 뭐예요?

ご趣味はなんですか。

고슈미와 난데스까

무슨 취미가 있어요?

なんかご趣味はありますか。

낭까 고슈미와 아리마스까

なんか는 なにか의 음편으로 '무언가; 무엇인가'

일 이외에 무슨 흥미가 있어요?

仕事以外になんか興味がありますか。

시고또 이가이니 낭까 쿄-미가 아리마스까

특별히 취미라고 할 건 없어요.

特に趣味と言えるものはありません。

토꾸니 슈미또 이에루 모노와 아리마셍

이렇다 할 취미가 없어요.

これといった趣味がないんですよ。

고레또 잇따 슈미가 나인데스요

これといった 이렇다 할

취미는 즐거운 일이에요.

趣味は楽しいですね。

슈미와 다노시-데스네

말하기

✏ ご趣味はなんですか。 😋 😋 😋

_____

_____

✏ なんかご趣味はありますか。 😋 😋 😋

_____

_____

✏ 仕事以外になんか興味がありますか。 😋 😋 😋

_____

_____

✏ 特に趣味と言えるものはありません。 😋 😋 😋

_____

_____

✏ これといった趣味がないんですよ。 😋 😋 😋

_____

_____

✏ 趣味は楽しいですね。 😋 😋 😋

_____

_____

Conversation

A: わたしの趣味は囲碁です。あなたは?
B: 将棋です。
제 취미는 바둑입니다. 당신은?
장기입니다.

101

여가활동에 대해 말할 때

의미 확인하면서 읽기

들기

기분전환으로 어떤 것을 하세요?

気晴らしにどんなことをしますか。

기바라시니 돈나 고또오 시마스까

일이 끝난 후에는 어떻게 보내세요?

仕事の後はどうやって楽しんでますか。

시고또노 아또와 도-얏떼 다노신데 마스까

한가할 때는 무엇을 하세요?

お暇なときは何をなさいますか。

오히마나 도끼와 나니오 나사이마스까

매달 동호인이 모여요.

毎月、同好の士が集まるんですよ。

마이게쯔, 도-꼬-노 시가 아쯔마룬데스요

同好会（どうこうかい）동호회

뭔가 교양 활동을 하세요?

何か稽古ごとをしていますか。

나니까 케-꼬 고또오 시떼 이마스까

けいこ (학문·기술·예능 따위를) 배움[익힘, 연습함]

영화를 보며 시간을 보내요.

映画を見て暇をつぶします。

에-가오 미데 히마오 쓰부시마스

ひまをつぶし 심심풀이

세 번 쓰고 외우기

気晴らしにどんなことをしますか。

仕事の後はどうやって楽しんでますか。

お暇なときは何をなさいますか。

毎月、同好の士が集まるんですよ。

何か稽古ごとをしていますか。

映画を見て暇をつぶします。

Conversation

A: 何か稽古ごとをしていますか。
B: はい、生け花をしています。

뭔가 교양 활동를 하나요?
네, 꽃꽂이를 하고 있습니다.

의미 확인하면서 읽기

책을 많이 읽으세요?

本をたくさん読みますか。

홍오 닥상 요미마스까

たくさん은 '닥상'으로 줄여 발음한다

평소 어떤 책을 읽으세요?

いつもどんな本を読みますか。

이쯔모 돈나 홍오 요미마스까

좋아하는 작가는 누구죠?

好きな作家は誰ですか。

스끼나 삭까와 다레데스까

漫画(まんが) 만화

요즘 베스트셀러는 무엇이죠?

現在のベストセラーは何ですか。

겐자이노 베스토세라-와 난데스까

신문은 무엇을 구독하세요?

新聞は何を取ってますか。

심붕와 나니오 돗떼마스까

新聞をとる 신문을 구독하다

어떤 잡지를 좋아하세요?

どんな雑誌が好きですか。

돈나 잣시가 스끼데스까

세 번 쓰고 외우기

✎ 本をたくさん読みますか。

✎ いつもどんな本を読みますか。

✎ 好きな作家は誰ですか。

✎ 現在のベストセラーは何ですか。

✎ 新聞は何を取ってますか。

✎ どんな雑誌が好きですか。

Conversation

A: これはベストセラーだよ。
B: 読んでみたい本だった。
이것은 베스트셀러야.
읽고 싶은 책이었어.

음악과 그림에 대해 말할 때

041

의미 확인하면서 읽기

음악은 좋아하세요?

音楽はお好きですか。

옹가꾸와 오스끼데스까

歌(うた)を歌(うた)う 노래를 부르다

요즘 인기 있는 노래는 뭐예요?

最近、人気のある歌はなんですか。

사이낑, 닝끼노 아루 우따와 난데스까

당신은 피아노를 칠 줄 아세요?

あなたはピアノを弾けますか。

아나따와 피아노오 히께마스까

어떤 그림을 좋아하세요?

どんな絵が好きですか。

돈나 에가 스끼데스까

絵(え)を描(か)く 그림을 그리다

저 화가 개인전이에요?

あの画家の個展ですか。

아노 가까노 고뗀데스까

그림을 그리는 것을 무척 좋아해요.

絵を描くのが大好きです。

에오 가꾸노가 다이스끼데스

大好き 무척 좋아함

106

세 번 쓰고 외우기

音楽はお好きですか。

最近、人気のある歌はなんですか。

あなたはピアノを弾けますか。

どんな絵が好きですか。

あの画家の個展ですか。

絵を描くのが大好きです。

Conversation

A: 彼の歌は全部大好きです。
B: わたしは彼の声が好きです。

그의 노래는 모두 다 좋아해요.
전 그의 목소리를 좋아해요.

그 드라마 보세요?

あのドラマ、見ていますか。

아노 도라마, 미떼 이마스까

時代劇（じだいげき）사극 / 芸能人（げいのうじん）연예인

그 프로그램은 재미없어요.

あの番組はつまらないんです。

아노 방구미와 쓰마라나인데스

番組 방송 프로그램

뉴스를 보죠.

ニュースを見ましょう。

뉴-스오 미마쇼-

ラジオ 라디오

영화는 자주 보러 가세요?

映画にはよく行きますか。

에-가니와 요꾸 이끼마스까

芝居（しばい）연극

지금 어떤 영화를 하죠?

今どんな映画をやってますか。

이마 돈나 에-가오 얏떼마스까

俳優（はいゆう）배우 / 女優（じょゆう）여배우

어떤 영화를 좋아하세요?

どんな映画がお好きですか。

돈나 에-가가 오스끼데스까

세 번 쓰고 외우기

あのドラマ、見ていますか。

あの番組はつまらないんです。

ニュースを見ましょう。

映画にはよく行きますか。

今どんな映画をやってますか。

どんな映画がお好きですか。

Conversation

A: あのドラマ、見てる？

B: もちろんよ。今週もかならずみるわ。

그 드라마 보니?
물론이지. 이번 주에도 꼭 볼 거야.

109

요즘 별로 식욕이 없어요.

この頃あまり食欲がありません。

고노고로 아마리 쇼꾸요꾸가 아리마셍

맛은 어때요?

味はどうですか。

아지와 도-데스까

あじわう 맛보다

정말로 맛있군요.

本当においしいですね。

혼또-니 오이시-데스네

이 요리 맛있네요.

この料理、うまいですね。

고노 료-리, 우마이데스네

うまい는 주로 남자를 맛을 표현할 대 쓴다

이건, 맛이 없어요.

これ、まずいですよ。

고레, 마즈이데스요

아쉽지만 입에 안 맞아요.

残念ながら口に合いません。

잔넨나가라 구찌니 아이마셍

110

세 번 쓰고 외우기

この頃あまり食欲がありません。

味はどうですか。

本当においしいですね。

この料理、うまいですね。

これ、まずいですよ。

残念ながら口に合いません。

Conversation

A: これ、味はどうですか。

B: けっこうおいしいですよ。

이거 맛이 어때요?
정말 맛있어요.

오늘 기분은 어때요?

今日の気分はどうですか。

쿄-노 기붕와 도-데스까

기운이 없어 보이네요.

元気がないようですね。

겡끼가 나이요-데스네

어디 편찮으세요?

ご気分でも悪いんですか。

고키분데모 와루인데스까

気分が悪い 속이 안 좋다, 기분이 나쁘다

어디가 안 좋으세요?

どこが悪いんですか。

도꼬가 와루인데스까

늘 운동하세요?

いつも運動していますか。

이쯔모 운도-시떼 이마스까

요즘 운동 부족이에요.

このところ運動不足です。

고노도꼬로 운도-부소꾸데스

112

세 번 쓰고 외우기

✏ 今日の気分はどうですか。

✏ 元気がないようですね。

✏ ご気分でも悪いんですか。

✏ どこが悪いんですか。

✏ いつも運動していますか。

✏ このところ運動不足です。

Conversation

A: お体の具合はもうよろしいですか。

B: ええ、だいぶよくなりました。

건강은 이제 괜찮으세요?
네, 많이 좋아졌어요.

어떤 스포츠를 하세요?

どんなスポーツをやりますか。

돈나 스포-츠오 야리마스까

최근 골프를 시작했어요.

最近、ゴルフを始めました。

사이낑, 고루후오 하지메마시다

어떤 스포츠를 좋아하세요?

どんなスポーツが好きですか。

돈나 스포-츠가 스끼데스까

스포츠라면 무엇이든 좋아해요.

スポーツなら何でも好きです。

스포-츠나라 난데모 스끼데스

どこでも 어디든 / いつでも 언제라도 / どれでも 어느것이든

운동은 못해요.

運動は苦手です。

운도-와 니가떼데스

苦手 잘하지 못함; 서투름

팀으로 하는 스포츠는 별로 안 해요.

チーム スポーツはあまりやりません。

치-무 스포-츠와 아마리 야리마셍

세 번 쓰고 외우기

✎ どんなスポーツをやりますか。

✎ 最近、ゴルフを始めました。

✎ どんなスポーツが好きですか。

✎ スポーツなら何でも好きです。

✎ 運動は苦手です。

✎ チームスポーツはあまりやりません。

Conversation

A: 毎週、日曜日にテニスをします。
まいしゅう にちよう び

B: 誰とするのですか。
だれ

매주 일요일에 테니스를 합니다.
누구와 하세요?

115

앞에서 배운 대화 내용입니다. 빈 칸을 채워보세요. 기억이 잘 안 난다고요? 걱정마세요. >>

036

A: 彼のことを考えると、_____。

B: それは恋かもね。

그를 생각하면 아주 간절해져.

그게 사랑일지도 몰라.

037

A: 彼女と_____。

B: そうか。よく決心したね。おめでとう。

그녀와 결혼하기로 했어.

그래? 잘 결심했어. 축하해.

038

A: わたしの_____。あなたは?

B: 将棋です。

제 취미는 바둑입니다. 당신은?

장기입니다.

039

A: 何か稽古ごとをしていますか。

B: はい、_____。

뭔가 교양 활동을 하나요?

네, 꽃꽂이를 하고 있습니다.

040

A: これはベストセラーだよ。

B: _____。

이것은 베스트셀러야.

읽고 싶은 책이었어.

>> 녹음이 있잖아요. 녹음을 듣고 써보세요. 장답은 각각의 페이지에서 확인하세요.

041

A: 彼の歌は全部大好きです。
かれ　うた　ぜんぶ　だいす

B: わたしは＿＿＿＿＿＿＿＿＿＿＿＿。

그의 노래는 모두 다 좋아해요.
전 그의 목소리를 좋아해요.

042

A: あの＿＿＿＿＿＿＿＿＿＿？

B: もちろんよ。今週もかならずみるわ。
こんしゅう

그 드라마 보니?
물론이지. 이번 주에도 꼭 볼 거야.

043

A: これ、＿＿＿＿＿＿＿＿＿＿＿。

B: けっこうおいしいですよ。

이거 맛이 어때요?
정말 맛있어요.

044

A: お体の具合はもうよろしいですか。
からだ　ぐあい

B: ええ、＿＿＿＿＿＿＿＿＿＿。

건강은 이제 괜찮으세요?
네, 많이 좋아졌어요.

045

A: 毎週、＿＿＿＿＿＿＿＿＿＿＿＿＿＿。
まいしゅう

B: 誰とするのですか。
だれ

매주 일요일에 테니스를 합니다.
누구와 하세요?

외모에 대해 말할 때

046

의미 확인하면서 읽기

듣기

키가 어떻게 돼요?

背はどのくらいありますか。

세와 도노쿠라이 아리마스까

どのくらい 어느 정도

몸무게는 어떻게 돼요?

体重はどのくらいですか。

타이쥬-와 도노 쿠라이데스까

좀 살이 찐 것 같아요.

ちょっと太りすぎてるようです。

춋또 후또리스기떼루 요-데스

やせる 여위다; 살이 빠지다

눈이 예쁘고 귀여운 여자가 좋아요.

目がきれいなかわいい女の子が好きです。

메가 기레이나 가와이- 온나노 꼬가 스끼데스

남자 친구는 미남이에요.

彼はハンサムです。

가레와 한사무데스

난 아버지를 많이 닮았어요.

わたしは父によく似ています。

와따시와 치찌니 요꾸 니떼 이마스

~に似る(そっくりだ) ~를 닮다(꼭 닮다)

세 번 쓰고 외우기

 말하기

✏ 背はどのくらいありますか。

✏ 体重はどのくらいですか。

✏ ちょっと太りすぎてるようです。

✏ 目がきれいなかわいい女の子が好きです。

✏ 彼はハンサムです。

✏ わたしは父によく似ています。

Conversation

A: 彼女(かのじょ)はかわいい?

B: ううん。美(うつく)しいというよりむしろかわいい女(おんな)だよ。

여자 친구는 귀엽니?

아니, 아름답다기보다는 오히려 사랑스런 여자야.

119

옷차림에 대해 말할 때

의미 확인하면서 읽기

듣기

오늘은 무얼 입고 갈까?

今日は何を着て行こうかな。

쿄-와 나니오 기떼 이꼬-까나

ズボンをはく 바지를 입다

이 셔츠와 이 넥타이는 안 어울릴까?

このシャツとこのネクタイは合わないかな。

고노 샤츠또 고노 네쿠타이와 아와나이까나

옷에 맞는 가방이 없어요.

洋服に合ったバッグがありません。

요-후꾸니 앗따 박구가 아리마셍

이 옷은 어린 티가 나지 않아요?

この服は子供っぽくないんですか。

고노 후꾸와 고도몹뽀꾸나인데스까

이 바지는 맞춰 입기에 좋아요.

このズボンは着回しがききます。

고노 즈봉와 기마와시가 기끼마스

이건 지금 유행하는 헤어스타일이에요.

これはいま流行のヘアスタイルです。

고레와 이마 류-꼬-노 헤아스타이루데스

120

세 번 쓰고 외우기

今日は何を着て行こうかな。

このシャツとこのネクタイは合わないかな。

洋服に合ったバッグがありません。

この服は子供っぽくないんですか。

このズボンは着回しがききます。

これはいま流行のヘアスタイルです。

Conversation

A: 今日は何を着て行こうかな。

B: カジュアルなほうがいいですよ。

오늘은 무얼 입고 갈까?
캐주얼한 게 좋겠어요.

당신의 성격이 어떻다고 생각하세요?

あなたの性格はどんなだと思いますか。

아나따노 세-카꾸와 돈나다또 오모이마스까

친구는 잘 사귀는 편이세요?

友達はすぐできるほうですか。

도모다찌와 스구 데끼루 호-데스까

できる 생기다. 할 수 있다 , 다 되다

당신은 외향적이라고 생각하세요?

あなたは外向的だと思いますか。

아나따와 가이꼬-테끼다또 오모이마스까

内向的(ないこうてき) 내향적

남자 친구는 소극적인 성격이에요.

彼はひっこみ思案のほうです。

카레와 힉꼬미지안노 호-데스

ひっこみ思案 적극성이 없음; 또, 그런 성질

여자 친구는 성격이 급한 편이에요.

彼女は気が短いほうです。

카노죠와 기가 미지까이 호-데스

気が短い 성질이 급하다

남자 친구는 장난기가 좀 있어요.

彼はちょっといたずらっ気があります。

카레와 춋또 이따즈락께가 아리마스

세 번 쓰고 외우기

✎ あなたの性格はどんなだと思いますか。

✎ 友達はすぐできるほうですか。

✎ あなたは外向的だと思いますか。

✎ 彼はひっこみ思案のほうです。

✎ 彼女は気が短いほうです。

✎ 彼はちょっといたずらっ気があります。

Conversation

A: 友達_{ともだち}はすぐできるほうですか。

B: いいえ、あまり社交的_{しゃこうてき}ではありません。

친구는 잘 사귀는 편이세요?

아뇨, 그다지 사교적이 아니에요.

123

049 술과 담배에 대해 말할 때

의미 확인하면서 읽기

듣기

어느 정도 술을 마시나요?

どのくらい酒を飲みますか。

도노쿠라이 사께오 노미마스까

저는 술에 약한 편이에요.

わたしは酒に弱いほうです。

와따시와 사께니 요와이 호-데스

酒に強(つよ)い 술이 세다

김씨는 술꾼이에요.

キムさんは大酒飲みです。

키무상와 오-자께노미데스

앞으로 담배와 술을 끊으려고 해요.

これからたばことお酒をやめようと思っています。

고레까라 타바코또 오사께오 야메요-또 오못떼 이마스

여기서 담배를 피워도 될까요?

ここでタバコを吸ってもいいですか。

고꼬데 다바꼬오 슷떼모 이-데쇼-까

タバコをすう 담배를 피우다

여기는 금연입니다.

ここは禁煙になっています。

고꼬와 깅엔니 낫떼 이마스

124

세 번 쓰고 외우기

 말하기

🖊 どのくらい酒を飲みますか。

🖊 わたしは酒に弱いほうです。

🖊 キムさんは大酒飲みです。

🖊 これからたばことお酒をやめようと思っています。

🖊 ここでタバコを吸ってもいいですか。

🖊 ここは禁煙になっています。

Conversation

A: たばこをやめたほうがいいよ。

B: わかっているけど、やめられないんだよ。

담배를 끊는 게 좋겠어.
알지만 끊을 수가 없어.

여행에 대해 말할 때

의미 확인하면서 읽기

듣기

어딘가로 여행을 떠나고 싶군요.

どこかへ旅に出たいですね。

도꼬까에 다비니 데따이데스네

旅に出る 여행을 떠나다

마음 내키는 대로 여행을 하고 싶군요.

気ままな旅をしたいですね。

기마마나 다비오 시따이데스네

気まま 제멋[맘]대로 함

이번에 여행을 하죠.

今度、旅行しましょう。

곤도, 료꼬-시마쇼-

해외여행을 한 적이 있어요?

海外旅行したことがありますか。

카이가이 료꼬-시따 고또가 아리마스까

~たことがありますか ~한 적이 있습니까?

더 싼 패키지여행은 없어요?

もっと安いパック旅行はありませんか。

못또 야스이 팍쿠 료꼬-와 아리마셍까

高(たか)い 비싸다, 높다, (키가) 크다

관광 시즌이라 사람이 많네요.

観光シーズンだから人が多いですね。

캉꼬- 시-즌다까라 히또가 오-이데스네

126

말하기

✏ どこかへ旅に出たいですね。　　　😑 😑 😑

✏ 気ままな旅をしたいですね。　　　😑 😑 😑

✏ 今度、旅行しましょう。　　　😑 😑 😑

✏ 海外旅行したことがありますか。　　　😑 😑 😑

✏ もっと安いパック旅行はありませんか。　　　😑 😑 😑

✏ 観光シーズンだから人が多いですね。　　　😑 😑 😑

Conversation

A: 旅に出たいな。
B: 二人で行きたいところに行ってみようか。

여행을 떠나고 싶구나.
둘이서 가고 싶은 곳에 가볼까?

앞에서 배운 대화 내용입니다. 빈 칸을 채워보세요. 기억이 잘 안 난다고요? 걱정마세요.
녹음이 있잖아요. 녹음을 듣고 써보세요. 정답은 각각의 페이지에서 확인하세요.

046

A: 彼女(かのじょ)はかわいい?

B: ううん。美(うつく)しいというより＿＿＿＿＿＿＿＿＿＿＿＿＿。

여자 친구는 귀엽니?
아니, 아름답다기보다는 오히려 사랑스런 여자야.

047

A: 今日(きょう)は＿＿＿＿＿＿＿＿＿＿＿＿＿＿。

B: カジュアルなほうがいいですよ。

오늘은 무얼 입고 갈까?
캐주얼한 게 좋겠어요.

048

A: 友達(ともだち)はすぐできるほうですか。

B: いいえ、＿＿＿＿＿＿＿＿＿＿＿＿＿＿＿。

친구는 잘 사귀는 편이세요?
아뇨, 그다지 사교적이 아니에요.

049

A: たばこをやめたほうがいいよ。

B: わかっているけど、＿＿＿＿＿＿＿＿＿＿＿＿。

담배를 끊는 게 좋겠어.
알지만 끊을 수가 없어.

050

A: ＿＿＿＿＿＿＿＿＿＿＿＿＿＿＿。

B: 二人(ふたり)で行(い)きたいところに行(い)ってみようか。

여행을 떠나고 싶구나.
둘이서 가고 싶은 곳에 가볼까?

이제 회화책 한 권 정도는
만만하게 쓰면서 말할 수 있다.

PART

03

일상생활 · 여행
표현

051 길을 묻거나 알려줄 때

의미 확인하면서 읽기

듣기

길을 잃었는데요.

道に迷ったんですが。

미찌니 마욧딴데스가

道に迷う 길을 잃다

여기는 어디죠?

ここはどこですか。

고꼬와 도꼬데스까

저는 이 지도 어디에 있죠?

わたしは、この地図のどこにいるのですか。

와따시와, 고노 치즈노 도꼬니 이루노데스까

역은 어떻게 가면 좋을까요?

駅へはどう行ったらいいですか。

에끼에와 도- 잇따라 이-데스까

~たらいいですか ~하면 좋을까요?

미안합니다. 잘 모르겠어요.

すみません。よくわかりません。

스미마셍. 요꾸 와까리마셍

저도 여기는 처음이에요.

わたしもここは初めてです。

와따시모 고꼬와 하지메떼데스

130

세 번 쓰고 외우기

📢 말하기

✏ 道に迷ったんですが。 ✔😊😊😊

✏ ここはどこですか。 😊😊😊

✏ わたしは、この地図のどこにいるのですか。 😊😊😊

✏ 駅へはどう行ったらいいですか。 😊😊😊

✏ すみません。よくわかりません。 😊😊😊

✏ わたしもここは初めてです。 😊😊😊

Conversation

A: わたしは、この地図(ちず)のどこにいるのですか。
B: 今(いま)、ここにいるのです。
저는 이 지도의 어디에 있죠?
지금 여기에 있습니다.

택시를 탈 때

의미 확인하면서 읽기

듣기

택시를 불러 주세요.

タクシーを呼んでください。

타꾸시-오 욘데 구다사이

택시승강장은 어디에 있어요?

タクシー乗り場はどこですか。

타꾸시-노리바와 도꼬데스까

트렁크를 열어 주세요.

トランクを開けてください。

토랑쿠오 아께떼 구다사이

이리 가 주세요.

ここへ行ってください。

고꼬에 잇떼 구다사이

주소를 보이며 목적지를 말할 때

공항까지 가 주세요.

空港までお願いします。

쿠-꼬-마데 오네가이 시마스

여기서 세워 주세요.

ここで止めてください。

고꼬데 도메떼 구다사이

세 번 쓰고 외우기

 말하기

✏ タクシーを呼んでください。

✏ タクシー乗り場はどこですか。

✏ トランクを開けてください。

✏ ここへ行ってください。

✏ 空港までお願いします。

✏ ここで止めてください。

Conversation

A: タクシーを呼んでもらえますか。

B: 少し時間がかかりますよ。

택시를 불러 주시겠어요?

시간이 좀 걸립니다.

133

버스정류장은 어디서 있어요?

バス停はどこにありますか。

바스떼-와 도꼬니 아리마스까

여기 버스정류장에서 내리면 돼요?

ここのバス停で降りればいいですか。

고꼬노 바스떼-데 오리레바 이-데스까

이 버스는 공원까지 가나요?

このバスは公園まで行きますか。

고노 바스와 코-엠마데 이끼마스까

저기요. 이 자리는 비어 있어요?

すみません、この席は空いていますか。

스미마셍, 고노 세끼와 아이떼 이마스까

여기요, 내릴게요.

すみません、降ります。

스미마셍, 오리마스

バスに乗(の)る 버스를 타다

버스터미널은 어디에 있어요?

バスターミナルはどこにありますか。

바스 타-미나루와 도꼬니 아리마스까

세 번 쓰고 외우기

학습일

 말하기

✏ バス停はどこにありますか。

✏ ここのバス停で降りればいいですか。

✏ このバスは公園まで行きますか。

✏ すみません、この席は空いていますか。

✏ すみません、降ります。

✏ バスターミナルはどこにありますか。

Conversation

A: バスの運賃（うんちん）はいくらですか。
B: 300円（えん）です。

버스 요금은 얼마죠?
300엔입니다.

135

전철·지하철을 탈 때

 듣기

가장 가까운 역은 어디인가요?

最寄りの駅はどこですか。

모요리노 에끼와 도꼬데스까

もより(最寄り) 가장 가까움; 근처

지하철의 노선도는 없나요?

地下鉄の路線図はありませんか。

치카테쯔노 로센즈와 아리마셍까

이 전철을 타면 되나요?

この電車に乗ればいいですか。

도노 덴샤니 노레바 이-데스까

電車 지상으로 달리는 전철

이 역은 급행전철이 서나요?

この駅は急行電車は止まりますか。

고노 에끼와 큐-꼬-덴샤와 도마리마스까

各駅停車(かくえきていしゃ) 각 역마다 정차하는 전철

마지막 전철은 몇 시인가요?

終電は何時ですか。

슈-뎅와 난지데스까

어디서 갈아타나요?

どの駅で乗り換えるのですか。

도노 에끼데 노리까에루노데스까

136

세 번 쓰고 외우기

✎ 最寄りの駅はどこですか。

✎ 地下鉄の路線図はありませんか。

✎ この電車に乗ればいいですか。

✎ この駅は急行電車は止まりますか。

✎ 終電は何時ですか。

✎ どの駅で乗り換えるのですか。

Conversation

A: この電車に乗ればいいのですか。

B: いいえ、JRに乗ってください。

이 전철을 타면 되죠?
아뇨, JR을 타세요.

학습일

137

055 열차를 탈 때

의미 확인하면서 읽기

매표소는 어디에 있어요?

切符売り場はどこですか。
きっぷ　う　　ば

깁뿌우리바와 도꼬데스까

도쿄까지 편도를 주세요.

東京までの片道切符をください。
とうきょう　　　　かたみちきっぷ

토-꾜-마데노 카따미찌 깁뿌오 구다사이

往復(おうふく) 왕복

더 이른 열차는 없어요?

もっと早い列車はありませんか。
はや　れっしゃ

못또 하야이 렛샤와 아리마셍까

遅(おそ)い 늦다

이건 교토행인가요?

これは京都行きですか。
きょうと　ゆ

고레와 쿄-또유끼데스까

-行き -행

중간에 내릴 수 있어요?

途中で下車はできますか。
とちゅう　　げしゃ

도쮸-데 게샤와 데끼마스까

乗車(じょうしゃ) 승차

열차를 놓치고 말았어요.

列車に乗り遅れてしまいました。
れっしゃ　の　おく

렛샤니 노리오꾸레떼 시마이마시다

138

세 번 쓰고 외우기

말하기

✏ 切符売り場はどこですか。

✏ 東京までの片道切符をください。

✏ もっと早い列車はありませんか。

✏ これは京都行きですか。

✏ 途中で下車はできますか。

✏ 列車に乗り遅れてしまいました。

Conversation

A: すみません、切符売り場はどこですか。
B: この通路に沿って行くと右にあります。

미안합니다, 매표소는 어디에 있어요?
이 통로를 따라가면 오른쪽에 있어요.

139

비행기를 탈 때

의미 확인하면서 읽기

비행기 예약을 부탁할게요.

フライトの予約をお願いします。

후라이토노 요야꾸오 오네가이시마스

航空便(こうくうびん) 항공편

지금 체크인할 수 있어요?

今チェックインできますか。

이마 첵쿠인 데끼마스까

이 짐은 기내로 가져 갈 거예요.

この荷物は機内持ち込みです。

고노 니모쯔와 기나이 모찌꼬미데스

持ち込み 가지고 들어감; 지참

이 짐을 맡길게요.

この荷物を預けます。

고노 니모쯔오 아즈께마스

탑승은 시작되었어요?

搭乗は始まっていますか。

토-죠-와 하지맛떼 이마스까

몇 번 출구로 나가면 되죠?

何番ゲートに行けばいいのですか。

남방 게-토니 이께바 이-노데스까

세 번 쓰고 외우기

학습일

✎ フライトの予約をお願いします。

✎ 今チェックインできますか。

✎ この荷物は機内持ち込みです。

✎ この荷物を預けます。

✎ 搭乗は始まっていますか。

✎ 何番ゲートに行けばいいのですか。

Conversation

A: 出発時刻を確認したいのですが。
しゅっぱつ じ こく　かくにん

B: お名前と便名をどうぞ。
な まえ　びんめい

출발시각을 확인하고 싶은데요.
성함과 편명을 말씀하십시오.

렌터카 목록을 보여 주세요.

レンタカーリストを見せてください。

렌타카- 리스토오 미세떼 구다사이

저는 오토매틱밖에 운전하지 못해요.

わたしはオートマチックしか運転できません。

와따시와 오-토마칙쿠시까 운뗀 데끼마셍

도로지도를 주시겠어요?

道路地図をいただけますか。

도-로치즈오 이따다께마스까

いただけますかよりも 가볍게 말할 때는 もらえますか

이 근처에 주유소가 있어요?

この近くにガソリンスタンドはありますか。

고노 치까꾸니 가소린스탄도와 아리마스까

여기에 주차해도 될까요?

ここに駐車してもいいですか。

고꼬니 츄-샤시떼모 이-데스까

駐車場(ちゅうしゃじょう) 주차장

차를 반환할게요.

車を返します。

구루마오 가에시마스

세 번 쓰고 외우기

 말하기

✎ レンタカーリストを見せてください。

✎ わたしはオートマチックしか運転できません。

✎ 道路地図をいただけますか。

✎ この近くにガソリンスタンドはありますか。

✎ ここに駐車してもいいですか。

✎ 車を返します。

Conversation

A: さあ、駅まで乗せてあげます。

B: ええ、乗せていただけると助かります。

자, 역까지 태워드릴게요.
네, 태워주시면 도움이 되겠습니다.

의미 확인하면서 읽기

예약은 안 했는데요.

予約はしていませんが。

요야꾸와 시떼 이마셍가

まだ~ていません 아직 ~하지 않았습니다

방을 보여 주세요.

部屋を見せてください。

헤야오 미세떼 구다사이

좀 더 좋은 방은 없어요?

もっとよい部屋はありませんか。

못또 요이 헤야와 아리마셍까

룸서비스는 있어요?

ルームサービスはありますか。

루-무사-비스와 아리마스까

방을 바꿔 주세요.

部屋を替えてください。

헤야오 가에떼 구다사이

체크아웃 할게요.

チェックアウトをお願いします。

첵쿠아우토오 오네가이시마스

チェックイン 체크인

세 번 쓰고 외우기

✎ 予約はしていませんが。

✎ 部屋を見せてください。

✎ もっとよい部屋はありませんか。

✎ ルームサービスはありますか。

✎ 部屋を替えてください。

✎ チェックアウトをお願いします。

Conversation

A: 韓国で予約して来ましたが。
B: お名前は何とおっしゃいますか。
한국에서 예약하고 왔는데요.
성함은 어떻게 되십니까?

145

듣기

메뉴 좀 보여 주세요.

メニューを見せてください。

메뉴-오 미세떼 구다사이

주문하시겠습니까?

ご注文をなさいますか。

고츄-몽오 나사이마스까

なさる 하시다

주문받으세요.

注文をしたいのですが。

츄-몽오 시따이노데스가

이것과 이것을 주세요.

これとこれをお願いします。

고레또 고레오 오네가이시마스

메뉴를 가리키면서 주문할 때

나도 같은 것으로 주세요.

わたしにも同じ物をお願いします。

와따시니모 오나지 모노오 오네가이시마스

같은 것을 시킬 때

저것과 같은 요리를 주세요.

あれと同じ料理をください。

아레또 오나지 료-리오 구다사이

다른 쪽 음식을 보고 시킬 때

세 번 쓰고 외우기

📢 말하기

✎ メニューを見せてください。

✎ ご注文をなさいますか。

✎ 注文をしたいのですが。

✎ これとこれをお願いします。

✎ わたしにも同じ物をお願いします。

✎ あれと同じ料理をください。

Conversation

A: ご注文（ちゅうもん）をなさいますか。
B: もうちょっと待（ま）ってください。
주문하시겠습니까?
잠깐 기다려 주세요.

147

음료와 술을 마실 때

의미 확인하면서 읽기

듣기

커피를 마실까요?

コーヒーを飲みましょうか。

코-히-오 노미마쇼-까

お茶(ちゃ) 차 / ジュース 주스 / コーラ 콜라

어디에서 한잔 할까요?

どこかで一杯やりましょうか。

도꼬까데 입빠이 야리마쇼-까

건배!

乾杯!

감빠이

ビール 맥주 / ウイスキー 위스키

술이 상당히 세 보이네요.

お酒がなかなか強そうですね。

오사께가 나까나까 쯔요소-데스네

저는 별로 못 마셔요.

わたしはあまり飲めないんですよ。

와따시와 아마리 노메나인데스요

飲める 마실 수 있다

잠깐 술을 깰게요.

ちょっと酔いをさますよ。

촛또 요이오 사마스요

세 번 쓰고 외우기

✏ コーヒーを飲みましょうか。

✏ どこかで一杯やりましょうか。

✏ 乾杯！

✏ お酒がなかなか強そうですね。

✏ わたしはあまり飲めないんですよ。

✏ ちょっと酔いをさますよ。

Conversation

A: もう少しビールをいかがですか。

B: ありがとう。

맥주 좀 더 마실래요?
고마워요.

앞에서 배운 대화 내용입니다. 빈 칸을 채워보세요. 기억이 잘 안 난다고요? 걱정마세요. >>

051

A: わたしは、この地図(ちず)の＿＿＿＿＿＿＿＿＿＿＿＿＿＿＿＿＿。
B: 今(いま)、ここにいるのです。

저는 이 지도의 어디에 있죠?
지금 여기에 있습니다.

052

A: タクシーを＿＿＿＿＿＿＿＿＿＿＿＿＿＿＿＿＿。
B: 少(すこ)し時間(じかん)がかかりますよ。

택시를 불러 주시겠어요?
시간이 좀 걸립니다.

053

A: バスの＿＿＿＿＿＿＿＿＿＿＿＿＿＿＿＿＿。
B: 300円(えん)です。

버스의 운임은 얼마죠?
300엔입니다.

054

A: この電車(でんしゃ)に＿＿＿＿＿＿＿＿＿＿＿＿＿＿＿＿＿。
B: いいえ、JRに乗(の)ってください。

이 전철을 타면 되죠?
아뇨, JR을 타세요.

055

A: すみません、＿＿＿＿＿＿＿＿＿＿＿＿＿＿＿＿＿。
B: この通路(つうろ)に沿(そ)って行(い)くと右(みぎ)にあります。

미안합니다, 매표소는 어디에 있어요?
이 통로를 따라가면 오른쪽에 있어요.

>> 녹음이 있잖아요. 녹음을 듣고 써보세요. 장답은 각각의 페이지에서 확인하세요.

056

A: 出発時刻を＿＿＿＿＿＿＿＿＿＿＿＿＿＿＿＿＿。

B: お名前と便名をどうぞ。

출발시각을 확인하고 싶은데요.

성함과 편명을 말씀하십시오.

057

A: さあ、駅まで＿＿＿＿＿＿＿＿＿＿＿＿＿＿。

B: ええ、乗せていただけると助かります。

자, 역까지 태워드릴게요.

네, 태워주시면 도움이 되겠습니다.

058

A: 韓国で＿＿＿＿＿＿＿＿＿＿＿＿＿＿＿＿＿。

B: お名前は何とおっしゃいますか。

한국에서 예약하고 왔는데요.

성함은 어떻게 되십니까?

059

A: ＿＿＿＿＿＿＿＿＿＿＿＿＿＿＿＿＿＿＿＿＿。

B: もうちょっと待ってください。

주문하시겠습니까?

잠깐 기다려 주세요.

060

A: ＿＿＿＿＿＿＿＿＿＿＿＿＿＿＿＿＿＿＿＿＿。

B: ありがとう。

맥주 좀 더 마실래요?

고마워요.

151

061

관광안내소에서

의미 확인하면서 읽기

관광안내소는 어디에 있어요?
かんこうあんないじょ
観光案内所はどこですか。
캉꼬-안나이죠와 도꼬데스까

관광 팸플릿을 주세요.
かんこう
観光パンフレットをください。
캉꼬- 팡후렛토오 구다사이

여기서 볼 만한 곳을 알려 주세요.
み　　　　　　　　おし
ここの見どころを教えてください。
고꼬노 미도꼬로오 오시에떼 구다사이

見どころ 볼만한 곳

관광버스 투어는 없어요?
かんこう
観光バスツアーはありませんか。
캉꼬-바스 쓰아-와 아리마셍까

어떤 투어가 있어요?

どんなツアーがあるんですか。
돈나 쓰아-가 아룬데스까

半日 (はんにち) 반나절 / 一日中 (いちにちじゅう) 하루종일

야간 투어는 있어요?

ナイトツアーはありますか。
나이토 쓰아-와 아리마스까

세 번 쓰고 외우기

말하기

観光案内所はどこですか。

観光パンフレットをください。

ここの見どころを教えてください。

観光バスツアーはありませんか。

どんなツアーがあるんですか。

ナイトツアーはありますか。

Conversation

A: 日帰りではどこへ行けますか。
　　(ひ がえ)　　　　　　(い)

B: そうですね。日帰りならここがいいですね。
　　　　　　　(ひ がえ)

당일치기로는 어디에 갈 수 있죠?
글쎄요. 당일치기라면 여기가 좋겠군요.

153

062

관광지에서

의미 확인하면서 읽기

듣기

저것은 무엇이죠?

あれは何<small>なん</small>ですか。

아레와 난데스까

저 건물은 무엇이죠?

あの建物<small>たてもの</small>は何<small>なん</small>ですか。

아노 다떼모노와 난데스까

ビル 빌딩

저건 뭐라고 하죠?

あれは何<small>なん</small>と言<small>い</small>いますか。

아레와 난또 이-마스까

여기서 얼마나 머물죠?

ここでどのくらい止<small>と</small>まりますか。

고꼬데 도노쿠라이 도마리마스까

トイレ 화장실

몇 시에 버스로 돌아오면 되죠?

何時<small>なんじ</small>にバスに戻<small>もど</small>ってくればいいですか。

난지니 바스니 모돗떼 구레바 이-데스까

몇 시에 돌아와요?

何時<small>なんじ</small>に戻<small>もど</small>りますか。

난지니 모도리마스까

세 번 쓰고 외우기

말하기

✎ あれは何ですか。

😋 😋 😋

✎ あの建物は何ですか。

😋 😋 😋

✎ あれは何と言いますか。

😋 😋 😋

✎ ここでどのくらい止まりますか。

😋 😋 😋

✎ 何時にバスに戻ってくればいいですか。

😋 😋 😋

✎ 何時に戻りますか。

😋 😋 😋

Conversation

A: あの建物は何ですか。
B: あれはとても有名なお店です。

저 건물은 무엇이죠?
저건 매우 유명한 가게입니다.

😋 😋 😋

관람할 때

의미 확인하면서 읽기

듣기

입장은 유료인가요, 무료인가요?

入場は有料ですか、無料ですか。

뉴-죠-와 유-료-데스까, 무료-데스까

입장료는 얼마죠?

入場料はいくらですか。

뉴-죠-료-와 이꾸라데스까

博物館（はくぶつかん）박물관 / 美術館（びじゅつかん）미술관

단체할인은 없나요?

団体割引はありませんか。

단따이 와리비끼와 아리마셍까

劇場（げきじょう）극장 / 動物園（どうぶつえん）동물원

이걸로 모든 전시를 볼 수 있어요?

これですべての展示が見られますか。

고레데 스베떼노 텐지가 미라레마스까

見られる 볼 수 있다

전시 팸플릿은 있어요?

展示のパンフレットはありますか。

텐지노 팡후렛토와 아리마스까

재입관할 수 있어요?

再入館できますか。

사이뉴-깐 데끼마스까

156

세 번 쓰고 외우기

✏ 入場は有料ですか、無料ですか。

✏ 入場料はいくらですか。

✏ 団体割引はありませんか。

✏ これですべての展示が見られますか。

✏ 展示のパンフレットはありますか。

✏ 再入館できますか。

Conversation

A: チケットを予約したいのですが。
B: 今は、立ち見席しかありません。

티켓을 예약하고 싶은데요.
지금은 입석밖에 없습니다.

157

의미 확인하면서 읽기

듣기

사진 좀 찍어 주시겠어요?

写真を撮ってもらえませんか。

샤싱오 돗떼 모라에마셍까

여기서 사진을 찍어도 될까요?

ここで写真を撮ってもいいですか。

고꼬데 샤싱오 돗떼모 이-데스까

写真を撮る 사진을 찍다

여기에서 우리들을 찍어 주세요.

ここからわたしたちを写してください。

고꼬까라 와따시타찌오 우쯔시떼 구다사이

写真を写す 사진을 박다

자, 김치.

はい、チーズ。

하이, 치-즈

여러 분, 찍을게요.

皆さん、写しますよ。

미나상, 우쯔시마스요

한 장 더 부탁할게요.

もう一枚お願いします。

모- 이찌마이 오네가이 시마스

세 번 쓰고 외우기

 말하기

✏ 写真を撮ってもらえませんか。

✏ ここで写真を撮ってもいいですか。

✏ ここからわたしたちを写してください。

✏ はい、チーズ。

✏ 皆さん、写しますよ。

✏ もう一枚お願いします。

Conversation

A: しゃしん と
写真を撮ってもいいですか。

B: はい。ぜひ撮ってください。

사진을 찍어도 될까요?
예, 자 찍으세요.

159

쇼핑가는 어디에 있죠?

ショッピング街はどこですか。

숍핑구가이와 도꼬데스까

商店街(しょうてんがい) 상가

면세점은 어디에 있죠?

免税店はどこにありますか。

멘제-뗑와 도꼬니 아리마스까

이 주변에 백화점은 있어요?

このあたりにデパートはありますか。

고노 아따리니 데파-토와 아리마스까

그건 어디서 살 수 있어요?

それはどこで買えますか。

소레와 도꼬데 가에마스까

그 가게는 오늘 문을 열었어요?

その店は今日開いていますか。

소노 미세와 쿄- 아이떼 이마스까

閉(と)じる 닫다

몇 시까지 하죠?

何時まで開いていますか。

난지마데 아이떼 이마스까

160

세 번 쓰고 외우기

✎ ショッピング街はどこですか。

✎ 免税店はどこにありますか。

✎ このあたりにデパートはありますか。

✎ それはどこで買えますか。

✎ その店は今日開いていますか。

✎ 何時まで開いていますか。

Conversation

A: ショッピングセンターを探しています。

B: 最近、新しいショッピングプラザができました。

쇼핑센터를 찾고 있습니다.

최근에 새로운 쇼핑플라자가 생겼습니다.

161

물건을 찾을 때

의미 확인하면서 읽기

듣기

무얼 찾으세요?

何かお探しですか。

나니까 오사가시데스까

그냥 구경하는 거예요.

見ているだけです。

미떼이루 다께데스

가게에서 구경할 때 쓰는 말

잠깐 봐 주시겠어요?

ちょっとよろしいですか。

촛또 요로시-데스까

よろしい는 よい의 격식 차린 말씨 : 좋다; 나쁘지 않다; 괜찮다

재킷을 찾는데요.

ジャケットを探しています。

쟈켓토오 사가시떼 이마스

이것과 같은 것은 없어요?

これと同じものはありませんか。

고레또 오나지 모노와 아리마셍까

이것뿐이에요?

これだけですか。

고레다께데스까

세 번 쓰고 외우기

何かお探しですか。

見ているだけです。

ちょっとよろしいですか。

ジャケットを探しています。

これと同じものはありませんか。

これだけですか。

Conversation

A: 何かお探しですか。
なに　さが

B: はい、家内へのプレゼントをみています。
か　ない

무얼 찾으세요?
네, 아내에게 줄 선물을 보고 있습니다.

163

그걸 봐도 될까요?

それを見てもいいですか。

소레오 미떼모 이-데스까

몇 가지 보여 주세요.

いくつか見せてください。

이꾸쓰까 미세떼 구다사이

다른 것을 보여 주세요.

別のものを見せてください。

베쯔노 모노오 미세떼 구다사이

더 좋은 것은 없어요?

もっといいのはありませんか。

못또 이-노와 아리마셍까

사이즈는 이것뿐이에요?

サイズはこれだけですか。

사이즈와 고레다께데스까

~だけ ~만, 뿐

다른 디자인은 없어요?

ほかのデザインはありませんか。

호까노 데자잉와 아리마셍까

세 번 쓰고 외우기

🔊 말하기

✏ それを見てもいいですか。 ☑☺☺☺

✏ いくつか見せてください。 ☺☺☺

✏ 別のものを見せてください。 ☺☺☺

✏ もっといいのはありませんか。 ☺☺☺

✏ サイズはこれだけですか。 ☺☺☺

✏ ほかのデザインはありませんか。 ☺☺☺

Conversation

A: あれを見せてもらえますか。

B: かしこまりました。はい、どうぞ。

저걸 보여 주시겠어요?
알겠습니다. 자, 여기 있습니다.

❓❓❓

의미 확인하면서 읽기

전부해서 얼마죠?

全部でいくらですか。

젬부데 이꾸라데스까

이건 세일 중이에요?

これはセール中ですか。

고레와 세-루 츄-데스까

이건 너무 비싸요.

これは高すぎます。

고레와 다까스기마스

~すぎる 너무 ~하다

좀 더 깎아 줄래요?

もう少し負けてくれますか。

모- 스꼬시 마께떼 구레마스까

더 싼 것은 없어요?

もっと安いものはありませんか。

못또 야스이 모노와 아리마셍까

더 싸게 해 주실래요?

もっと安くしてくれませんか。

못또 야스꾸시떼 구레마셍까

세 번 쓰고 외우기

✎ 全部でいくらですか。

✎ これはセール中ですか。

✎ これは高すぎます。

✎ もう少し負けてくれますか。

✎ もっと安いものはありませんか。

✎ もっと安くしてくれませんか。

Conversation

A: 全部でいくらですか。
  ぜん ぶ

B: はい、税込みで13,200円になります。
  ぜい こ   えん

전부해서 얼마죠?
네, 세금 포함해서 13,200엔이 되겠습니다.

069 포장이나 배달을 원할 때

의미 확인하면서 읽기

듣기

이건 배달해 주세요.

これは配達してください。

고레와 하이타쯔시떼 구다사이

호텔까지 갖다 주시겠어요?

ホテルまで届けてもらえますか。

호테루마데 도도께떼 모라에마스까

~てもらう ~해 받다

언제 배달해 주시겠어요?

いつ届けてもらえますか。

이쯔 도도께떼 모라에마스까

별도 요금이 드나요?

別料金がかかりますか。

베쯔료-낑가 가까리마스까

お金(かね)がかかる 돈이 들다

이 주소로 보내 주세요.

この住所に送ってください。

고노 쥬-쇼니 오꿋떼 구다사이

구입한 게 아직 배달되지 않았어요.

買ったものがまだ届きません。

갓따 모노가 마다 도도끼마셍

168

세 번 쓰고 외우기

🔊 말하기

✎ これは配達してください。

✎ ホテルまで届けてもらえますか。

✎ いつ届けてもらえますか。

✎ 別料金がかかりますか。

✎ この住所に送ってください。

✎ 買ったものがまだ届きません。

Conversation

A: これは配達(はいたつ)してください。
B: はい、ここに住所(じゅうしょ)を書(か)いてください。

이건 배달해 주세요.
네, 여기에 주소를 적어 주세요.

070

교환이나 환불을 원할 때

의미 확인하면서 읽기

듣기

반품하고 싶은데요.
へんぴん
返品したいのですが。
헴삔시따이노데스가

아직 쓰지 않았어요.
つか
まだ使っていません。
마다 쓰깟떼 이마셍

이걸 어제 샀어요.
か
これをきのう買いました。
고레오 기노- 가이마시다

다른 것으로 바꿔 주세요.
べつ　　　　と　か
別のものと取り替えてください。
베쯔노 모노또 도리까에떼 구다사이

영수증은 여기 있어요.
りょうしゅうしょ
領収書はここにあります。
료-슈-쇼와 고꼬니 아리마스

환불해 주시겠어요?
へんきん
返金してもらえますか。
헹낀시떼 모라에마스까

170

세 번 쓰고 외우기

✏ 返品したいのですが。

✏ まだ使っていません。

✏ これをきのう買いました。

✏ 別のものと取り替えてください。

✏ 領収書はここにあります。

✏ 返金してもらえますか。

Conversation

A: これ、買(か)ったものと違(ちが)います。
B: 領収書(りょうしゅうしょ)はありますか。

이거 산 물건하고 다릅니다.
영수증은 있어요?

앞에서 배운 대화 내용입니다. 빈 칸을 채워보세요. 기억이 잘 안 난다고요? 걱정마세요. >>

061

A: 日帰りではどこへ行けますか。

B: そうですね。＿＿＿＿＿＿＿＿＿＿＿＿＿＿＿＿。

당일치기로는 어디에 갈 수 있죠?
글쎄요. 당일치기라면 여기가 좋겠군요.

062

A: あの建物は何ですか。

B: あれはとても＿＿＿＿＿＿＿＿＿＿＿＿＿。

저 건물은 무엇이죠?
저건 매우 유명한 가게입니다.

063

A: チケットを＿＿＿＿＿＿＿＿＿＿＿＿＿＿＿。

B: 今は、立ち見席しかありません。

티켓을 예약하고 싶은데요.
지금은 입석밖에 없습니다.

064

A: 写真を＿＿＿＿＿＿＿＿＿＿＿＿＿＿＿。

B: はい。ぜひ撮ってください。

사진을 찍어도 될까요?
예, 자 찍으세요.

065

A: ショッピングセンターを探しています。

B: 最近、＿＿＿＿＿＿＿＿＿＿＿＿＿＿＿。

쇼핑센터를 찾고 있습니다.
최근에 새로운 쇼핑플라자가 생겼습니다.

>> 녹음이 있잖아요. 녹음을 듣고 써보세요. 장답은 각각의 페이지에서 확인하세요.

066

A: 何か＿＿＿＿＿＿＿＿＿＿＿。

B: はい、家内へのプレゼントをみています。

무얼 찾으세요?

네, 아내에게 줄 선물을 보고 있습니다.

067

A: あれを＿＿＿＿＿＿＿＿＿＿＿＿。

B: かしこまりました。はい、どうぞ。

저걸 보여 주시겠어요?

알겠습니다. 자, 여기 있습니다.

068

A: 全部で＿＿＿＿＿＿＿＿＿＿＿＿。

B: はい、税込みで13,200円になります。

전부해서 얼마죠?

네, 세금 포함해서 13200엔이 되겠습니다.

069

A: これは＿＿＿＿＿＿＿＿＿＿＿＿＿。

B: はい、ここに住所を書いてください。

이건 배달해 주세요.

네, 여기에 주소를 적어 주세요.

070

A: これ、＿＿＿＿＿＿＿＿＿＿＿＿＿＿。

B: 領収書はありますか。

이거 산 물건하고 다릅니다.

영수증은 있어요?

은행에서

071

의미 확인하면서 읽기

듣기

은행은 어디에 있어요?

銀行はどこにありますか。
ぎんこう

깅꼬-와 도꼬니 아리마스까

円（えん）엔; 일본화폐 단위

현금인출기는 어디에 있어요?

ATMはどこにありますか。

ATM와 도꼬니 아리마스까

現金自動支払機（げんきんじどうしはらいき）현금자동인출기

계좌를 트고 싶은데요.

口座を設けたいのですが。
こうざ　　もう

코-자오 모-께따이노데스가

예금하고 싶은데요.

預金したいのですが。
よきん

요낀시따이노데스가

貯金（ちょきん）저금

환전 창구는 어디죠?

両替の窓口はどちらですか。
りょうがえ　　まどぐち

료-가에노 마도구찌와 도찌라데스까

대출 상담을 하고 싶은데요.

ローンの相談をしたいのですが。
そうだん

로-ㄴ노 소-당오 시따이노데스가

174

세 번 쓰고 외우기

말하기

✎ 銀行はどこにありますか。

✎ ATMはどこにありますか。

✎ 口座を設けたいのですが。

✎ 預金したいのですが。

✎ 両替の窓口はどちらですか。

✎ ローンの相談をしたいのですが。

Conversation

A: この1万円札をくずしてくれますか。

B: どのようにいたしましょうか。

이 1만 엔 권을 바꿔 주겠어요?
어떻게 해드릴까요?

072

우체국에서

의미 확인하면서 읽기

듣기

우체국은 어디에 있죠?

郵便局はどこにありますか。

유-빙쿄꾸와 도꼬니 아리마스까

우표는 어디서 살 수 있죠?

切手はどこで買えますか。

깃떼와 도꼬데 가에마스까

記念切手（きねんきって）기념우표

빠른우편으로 부탁해요.

速達でお願いします。

소꾸타쯔데 오네가이시마스

항공편으로 보내 주세요.

航空便にしてください。

코-꾸-빈니 시떼 구다사이

船便（ふなびん）선편

이 소포를 한국에 보내고 싶은데요.

この小包を韓国に送りたいのですが。

고노 코즈쓰미오 캉코꾸니 오꾸리따이노데스가

이 소포의 무게를 달아 주세요.

この小包の重さを計ってください。

고노 고즈쓰미노 오모사오 하깟떼 구다사이

세 번 쓰고 외우기

📢 말하기

✏ 郵便局はどこにありますか。

✏ 切手はどこで買えますか。

✏ 速達でお願いします。

✏ 航空便にしてください。

✏ この小包を韓国に送りたいのですが。

✏ この小包の重さを計ってください。

Conversation

A: この小包を韓国に送りたいのですが。
B: 中身は何ですか。

이 소포를 한국에 보내고 싶은데요.
내용물은 뭡니까?

머리를 자르고 싶은데요.

髪を切りたいのですが。

가미오 기리따이노데스가

理髪店(りはつてん), 床屋(とこや) 이발소

머리를 조금 잘라 주세요.

髪を少し刈ってください。

가미오 스꼬시 갓떼 구다사이

이발만 해 주세요.

散髪だけお願いします。

삼빠쯔다께 오네가이시마스

ひげをそる 수염을 깎다; 면도하다

어떻게 자를까요?

どのように切りましょうか。

도노요-니 기리마쇼-까

평소 대로 해 주세요.

いつもどおりにお願いします。

이쯔모 도-리니 오네가이시마스

머리를 염색해 주세요.

髪の毛を染めてください。

가미노께오 소메떼 구다사이

세 번 쓰고 외우기

✏ 髪を切りたいのですが。

✏ 髪を少し刈ってください。

✏ 散髪だけお願いします。

✏ どのように切りましょうか。

✏ いつも通りにお願いします。

✏ 髪の毛を染めてください。

Conversation

A: どのように切りましょうか。

B: 今と同じ髪型にしてください。

어떻게 자를까요?

지금과 같은 헤어스타일로 해 주세요.

179

듣기

괜찮은 미용실을 아세요?

いい美容院を知りませんか。

이- 비요-잉오 시리마셍까

파마를 예약하고 싶은데요.

パーマを予約したいのですが。

파-마오 요야꾸시따이노데스가

パーマをかける 파마를 하다

커트와 파마를 부탁할게요.

カットとパーマをお願いします。

캇토또 파-마오 오네가이시마스

얼마나 커트를 할까요?

どれくらいカットしますか。

도레쿠라이 캇토 시마스까

다듬기만 해 주세요.

そろえるだけでお願いします。

소로에루다께데 오네가이시마스

짧게 자르고 싶은데요.

ショートにしたいのですが。

쇼-토니 시따이노데스가

세 번 쓰고 외우기

✎ いい美容院を知りませんか。

✎ パーマを予約したいのですが。

✎ カットとパーマをお願いします。

✎ どれくらいカットしますか。

✎ そろえるだけでお願いします。

✎ ショートにしたいのですが。

Conversation

A: 今日はどうなさいますか。

B: ヘアスタイルを変えたいのですが。

오늘은 어떻게 하시겠어요?

헤어스타일을 바꾸고 싶은데요.

세탁소에서

의미 확인하면서 읽기

듣기

세탁소에 갖다 주고 와요.

クリーニングに出^だしてきてね。

쿠리-닝구니 다시떼 기떼네

洗濯(せんたく)する 세탁하다

드라이클리닝을 해 주세요.

ドライクリーニングをお願^{ねが}いします。

도라이쿠리-닝구오 오네가이시마스

셔츠에 있는 이 얼룩은 빠질까요?

シャツのこのシミは取^とれますか。

샤츠노 고노 시미와 도레마스까

다림질을 해 주세요.

アイロンをかけてください。

아이롱오 가케떼 구다사이

언제 될까요?

いつ仕上^{し あ}がりますか。

이쯔 시아가리마스까

仕上がる 마무리되다

치수를 고쳐 주실래요?

寸法^{すんぽう}を直^{なお}してもらえますか。

슴뽀-오 나오시떼 모라에마스까

세 번 쓰고 외우기

🔊 말하기

✏ クリーニングに出してきてね。

✏ ドライクリーニングをお願いします。

✏ シャツのこのシミは取れますか。

✏ アイロンをかけてください。

✏ いつ仕上がりますか。

✏ 寸法を直してもらえますか。

Conversation

A: これ、ドライクリーニングをお願(ねが)いします。

B: はい、全部(ぜんぶ)で5点(てん)ですね。

이거, 드라이클리닝을 해 주세요.

네, 전부해서 다섯 점이군요.

183

앞에서 배운 대화 내용입니다. 빈 칸을 채워보세요. 기억이 잘 안 난다고요? 걱정마세요. 녹음이 있잖아요. 녹음을 듣고 써보세요. 정답은 각각의 페이지에서 확인하세요.

071

A: この1万円札を＿＿＿＿＿＿＿＿＿＿＿＿＿＿＿。

B: どのようにいたしましょうか。

이 1만 엔 권을 바꿔 주겠어요?
어떻게 해드릴까요?

072

A: この小包を＿＿＿＿＿＿＿＿＿＿＿＿＿＿＿。

B: 中身は何ですか。

이 소포를 한국에 보내고 싶은데요.
내용물은 뭡니까?

073

A: どのように切りましょうか。

B: 今と同じ＿＿＿＿＿＿＿＿＿＿＿＿＿＿。

어떻게 자를까요?
지금과 같은 헤어스타일로 해 주세요.

074

A: 今日は＿＿＿＿＿＿＿＿＿＿＿。

B: ヘアスタイルを変えたいのですが。

오늘은 어떻게 하시겠어요?
헤어스타일을 바꾸고 싶은데요.

075

A: これ、＿＿＿＿＿＿＿＿＿＿＿＿＿＿＿＿。

B: はい、全部で5点ですね。

이거, 드라이클리닝을 해 주세요.
네, 전부해서 다섯 점이군요.

이제 회화책 한 권 정도는
만만하게 쓰면서 말할 수 있다.

PART

04

·
·
·

전화·사교·긴급
표현

076

전화를 걸 때

여보세요. 한국에서 온 김인데요.

もしもし。韓国から来たキムですが。

모시모시. 캉코꾸까라 기따 기무데스가

여보세요. 요시다 씨 댁이죠?

もしもし、吉田さんのお宅ですか。

모시모시, 요시다산노 오따꾸데스까

나카무라 씨와 통화하고 싶은데요.

中村さんと話したいんですが。

나까무라산또 하나시따인데스가

여보세요. 스즈키 씨 좀 바꿔주세요.

もしもし、鈴木さんをお願いします。

모시모시, 스즈키상오 오네가이시마스

여보세요, 그쪽은 다나카 씨이세요?

もしもし、そちらは田中さんでしょうか。

모시모시, 소찌라와 다나카산데쇼-까

요시노 선생님은 계세요?

吉野先生はいらっしゃいますか。

요시노 센세-와 이랏샤이마스까

いらっしゃる 계시다, 가시다, 오시다

세 번 쓰고 외우기

✏ もしもし。韓国から来たキムですが。

✏ もしもし、吉田さんのお宅ですか。

✏ 中村さんと話したいんですが。

✏ もしもし、鈴木さんをお願いします。

✏ もしもし、そちらは田中さんでしょうか。

✏ 吉野先生はいらっしゃいますか。

Conversation

A: もしもし。吉田さんのお宅ですか。

B: はい、そうですが。

여보세요. 요시다 씨 댁이죠?
네, 그런데요.

187

네, 전데요.

はい、わたしですが。

하이, 와따시데스가

누구시죠?

どちらさまでしょうか。

도찌라사마데쇼-까

さまは 명사에 붙어 존경이나 공손을 나타낸다

잠시 기다려 주십시오.

少々お待ちください。

쇼-쇼- 오마찌 구다사이

少々 잠시, 잠깐

곧 요시무라 씨를 바꿔드릴게요.

ただいま吉村さんと代わります。

다다이마 요시무라산또 가와리마스

ただいま 방금, 곧

여보세요, 전화 바꿨습니다.

もしもし、お電話代わりました。

모시모시, 오뎅와 가와리마시다

지금 다른 전화를 받고 있는데요.

いま、ほかの電話に出ていますが。

이마, 호까노 뎅와니 데떼 이마스가

세 번 쓰고 외우기

학습일

✎ はい、わたしですが。

✎ どちらさまでしょうか。

✎ 少々お待ちください。

✎ ただいま吉村さんと代わります。

✎ もしもし、お電話代わりました。

✎ いま、ほかの電話に出ていますが。

Conversation

A: いま、ほかの電話に出ておりますが。

B: あ、そうですか。後でかけ直します。

지금 다른 전화를 받고 있는데요.
아, 그래요? 나중에 다시 걸게요.

의미 확인하면서 읽기

언제 돌아오세요?

いつお戻りになりますか。

이쯔 오모도리니 나리마스까

お~になる ~하시다 ; 존경 표현

무슨 연락할 방법은 없나요?

何とか連絡する方法はありませんか。

난또까 렌라꾸스루 호-호-와 아리마셍까

나중에 다시 걸게요.

あとでもう一度かけなおします。

아또데 모- 이찌도 가께나오시마스

~なおす 다시 ~하다

미안합니다. 아직 출근하지 않았습니다.

すみません。まだ出社しておりません。

스미마셍. 마다 슛샤시떼 오리마셍

잠깐 자리를 비웠습니다.

ちょっと席を外しております。

촛또 세끼오 하즈시떼 오리마스

おりますは ありますの 겸양어

오늘은 쉽니다.

今日は休みを取っております。

쿄-와 야스미오 돗떼 오리마스

190

세 번 쓰고 외우기

✎ いつお戻りになりますか。

✎ 何とか連絡する方法はありませんか。

✎ あとでもう一度かけなおします。

✎ すみません。まだ出社しておりません。

✎ ちょっと席を外しております。

✎ 今日は休みを取っております。

Conversation

A: まだ帰ってきていないんですが。
かえ

B: 何とか連絡する方法はありませんか。
なん れんらく ほうほう

아직 돌아오지 않았는데요.
무슨 연락할 방법은 없나요?

그럼, 말씀 좀 전해 주시겠어요.

では、伝言をお願いできますか。

데와, 뎅공오 오네가이데끼마스까

お願いできます는 お願いします의 가능 표현

전화를 주셨으면 하는데요.

お電話をいただきたいのですが。

오뎅와오 이따다끼따이노데스가

저한테 전화가 왔다고 전해 주십시오.

わたしから電話があったとお伝えください。

와따시까라 뎅와가 앗따또 오쓰따에 구다사이

돌아오면 전화하도록 말할까요?

帰ったら電話するように言いましょうか。

가엣따라 뎅와스루 요-니 이이마쇼-까

전하실 말씀이 있으시면 제가 전해드리죠.

伝言がありましたら取り次ぎいたします。

뎅공가 아리마시따라 도리쓰기 이따시마스

말씀을 전해 드리겠습니다.

伝言をお伝えしておきます。

뎅공오 오쓰따에 시떼 오끼마스

お伝えして는 伝えて의 겸양 표현

세 번 쓰고 외우기

 말하기

✏ では、伝言をお願いできますか。

✏ お電話をいただきたいのですが。

✏ わたしから電話があったとお伝えください。

✏ 帰ったら電話するように言いましょうか。

✏ 伝言がありましたら取り次ぎいたします。

✏ 伝言をお伝えしておきます。

Conversation

A: 伝言を残しますか。

B: わたしから電話があったとお伝えください。

전하실 말씀 있으신지요?

저한테 전화가 왔다고 전해 주십시오.

080

약속을 청할 때

의미 확인하면서 읽기

듣기

그럼, 방문해도 될까요?

では、お邪魔してもいいでしょうか。

데와, 오쟈마시떼모 이-데쇼-까

お邪魔する 방해하다; 폐를 끼치다

언제 찾아뵈면 될까요?

いつかうかがってもいいですか。

이쓰까 우까갓떼모 이-데스까

うかがう 여쭙다, 찾아뵙다

잠깐 말씀드리고 싶은데요.

ちょっとお話ししたいのですが。

촛또 오하나시 시따이노데스가

몇 시까지 시간이 비어 있죠?

何時まで時間があいてますか。

난지마데 지깡가 아이떼마스까

언제가 가장 시간이 좋을까요?

いつがいちばん都合がいいですか。

이쯔가 이찌방 쓰고-가 이-데스까

都合がいい 형편이 좋다

약속 장소는 그쪽에서 정하세요.

約束の場所はそちらで決めてください。

약소꾸노 바쇼와 소찌라데 기메떼 구다사이

194

세 번 쓰고 외우기

📢 말하기

✏ では、お邪魔してもいいでしょうか。 ☺✓ ☺ ☺

✏ いつか うかがってもいいですか。 ☺ ☺ ☺

✏ ちょっとお話ししたいのですが。 ☺ ☺ ☺

✏ 何時まで時間があいてますか。 ☺ ☺ ☺

✏ いつがいちばん都合がいいですか。 ☺ ☺ ☺

✏ 約束の場所はそちらで決めてください。 ☺ ☺ ☺

Conversation

A: 約束の場所はそちらで決めてください。
B: では、あのレストランで待ち合わせましょうか。

약속 장소는 그쪽에서 정하세요.
그럼, 그 레스토랑에서 만날까요?

👂 👂 👂

195

081

약속 제의에 응답할 때

의미 확인하면서 읽기

좋아요. 그 때 만나요.

いいですよ。そのときに会いましょう。

이-데스요. 소노 도끼니 아이마쇼-

저도 그게 좋겠어요.

わたしもそれで都合がいいです。

와따시모 소레데 쓰고-가 이-데스

그럼, 그 시간에 기다릴게요.

では、その時間にお待ちします。

데와, 소노 지깐니 오마찌시마스

お待ちします는 待ちます의 겸양 표현

아쉽지만, 오늘은 안 되겠어요.

残念ながら、今日はだめなんです。

잔넨나가라, 쿄-와 다메난데스

だめ 소용없음, 안됨

그 날은 아쉽게도 약속이 있어요.

その日は、あいにくと約束があります。

소노 히와, 아이니꾸또 약소꾸가 아리마스

급한 일이 생겨서 갈 수 없네요.

急用ができて行けません。

큐-요-가 데끼떼 이께마셍

세 번 쓰고 외우기

✎ いいですよ。そのときに会いましょう。　　😋😋😋

✎ わたしもそれで都合がいいです。　　😋😋😋

✎ では、その時間にお待ちします。　　😋😋😋

✎ 残念ながら、今日はだめなんです。　　😋😋😋

✎ その日は、あいにくと約束があります。　　😋😋😋

✎ 急用ができて行けません。　　😋😋😋

Conversation

A: わたしと昼食(ちゅうしょく)をいっしょにいかがですか。

B: きょうはまずいですけど、あしたはどうですか。

저와 함께 점심을 하실까요?
오늘은 곤란한데, 내일은 어때요?

초대할 때

082

의미 확인하면서 읽기

우리 집에 식사하러 안 올래요?

うちに食事に来ませんか。

우찌니 쇼꾸지니 기마셍까

~にくる ~하러 오다

오늘밤 나와 식사는 어때요?

今晩、わたしと食事はどうですか。

곰방, 와따시또 쇼꾸지와 도-데스까

언제 한번 식사라도 하시지요.

そのうち食事でもいたしましょうね。

소노 우찌 쇼꾸지데모 이따시마쇼-네

いたす는 する(하다)의 겸양어

언제 한번 놀러 오세요.

いつか遊びに来てください。

이쯔까 아소비니 기떼 구다사이

가족 모두 함께 오십시오.

ご家族そろってお越しください。

고카조꾸 소롯떼 오꼬시 구다사이

お越しください는 越してください의 겸양 표현

아무런 부담 갖지 말고 오십시오.

どうぞお気軽にいらしてください。

도-조 오키가루니 이라시떼 구다사이

세 번 쓰고 외우기

うちに食事に来ませんか。

今晩、わたしと食事はどうですか。

そのうち食事でもいたしましょうね。

いつか遊びに来てください。

ご家族そろってお越しください。

どうぞお気軽にいらしてください。

Conversation

A: 今晩、わたしと食事はどうですか。
こんばん　　　　　　　　しょくじ

B: いいですねえ。

오늘밤 나와 식사는 어때요?
좋지요.

083

초대에 응답할 때

의미 확인하면서 읽기

기꺼이 갈게요.

喜んでうかがいます。

요로꼰데 우까가이마스

喜(よろこ)ぶ 기뻐하다

꼭 갈게요.

きっと行きます。

깃또 이끼마스

초대해 줘서 고마워요.

招いてくれてありがとう。

마네이떼 구레떼 아리가또-

~てくれてありがとう ~해 줘서 고맙다

아쉽지만 갈 수 없어요.

残念ながら行けません。

잔넨나가라 이께마셍

行ける 갈 수 있다

그 날은 갈 수 없을 것 같은데요.

その日は行けないようですが。

소노 히와 이께나이 요-데스가

그 날은 선약이 있어서요.

その日は先約がありますので。

소노 히와 셍야꾸가 아리마스노데

세 번 쓰고 외우기

말하기

✎ 喜んでうかがいます。

✎ きっと行きます。

✎ 招いてくれてありがとう。

✎ 残念ながら行けません。

✎ その日は行けないようですが。

✎ その日は先約がありますので。

Conversation

A: 誕生パーティーに来てね。
B: もちろん。招いてくれてありがとう。
생일 파티에 와요.
당근이죠. 초대해 줘서 고마워요.

201

084

방문할 때

의미 확인하면서 읽기

듣기

요시무라 씨 댁이 맞습니까?
吉村さんのお宅はこちらでしょうか。
요시무라산노 오따꾸와 고찌라데쇼-까

스즈키 씨는 댁에 계십니까?
鈴木さんはご在宅ですか。
스즈끼상와 고자이따꾸데스까

5시에 약속을 했는데요.
5時に約束してありますが。
고지니 약소꾸시떼 아리마스가

~てある ~해두다

좀 일찍 왔나요?
ちょっと来るのが早すぎましたか。
촛또 구루노가 하야스기마시다까

늦어서 죄송해요.
遅くなってすみません。
오소꾸낫떼 스미마셍

~てすみません ~해서 미안합니다

이거 변변치 않지만, 받으십시오.
これ、つまらないものですが、どうぞ。
고레, 쓰마라나이 모노데스가, 도-조

202

세 번 쓰고 외우기

吉村さんのお宅はこちらでしょうか。

鈴木さんはご在宅ですか。

5時に約束してありますが。

ちょっと来るのが早すぎましたか。

遅くなってすみません。

これ、つまらないものですが、どうぞ。

Conversation

A: これ、つまらないものですが、どうぞ。

B: どうも、こんなことなさらなくてもいいのに。

이거 변변치 않지만, 받으십시오.
고마워요. 이렇게 안 가져 오셔도 되는데.

방문객을 맞이할 때

의미 확인하면서 읽기

듣기

잘 오셨습니다.

ようこそいらっしゃいました。

요-꼬소 이랏샤이마시다

ようこそ 상대의 방문을 환영할 때 쓰는 말

자 들어오십시오.

どうぞお入りください。
はい

도-조 오하이리 구다사이

요구를 할 때 쓰이는 お~ください는 ~てください의 겸양 표현이다

이쪽으로 오십시오.

こちらへどうぞ。

고찌라에 도-조

상대의 방문을 환영할 때 쓰는 말

집안을 안내해드릴까요?

家の中をご案内しましょうか。
いえ　　なか　　　あんない

이에노 나까오 고안나이시마쇼-까

이쪽으로 앉으십시오.

こちらへお掛けください。
か

고찌라에 오카께 구다사이

자 편히 하십시오.

どうぞくつろいでください。

도-조 구쓰로이데 구다사이

204

세 번 쓰고 외우기

✎ ようこそいらっしゃいました。

✎ どうぞお入りください。

✎ こちらへどうぞ。

✎ 家の中をご案内しましょうか。

✎ こちらへお掛けください。

✎ どうぞくつろいでください。

Conversation

A: よく来(き)てくれました。嬉(うれ)しいです。
B: お招(まね)きくださってありがとう。
　　잘 오셨습니다. 반갑습니다.
　　초대해 주셔서 고맙습니다.

앞에서 배운 대화 내용입니다. 빈 칸을 채워보세요. 기억이 잘 안 난다고요? 걱정마세요. >>

076

A: ＿＿＿＿＿＿＿＿＿＿＿。吉田さんのお宅ですか。

B: はい、そうですが。

여보세요. 요시다 씨 댁이죠?
네, 그런데요.

077

A: 今、＿＿＿＿＿＿＿＿＿＿＿＿＿＿＿＿＿＿＿。

B: あ、そうですか。後でかけ直します。

지금 다른 전화를 받고 있는데요.
아, 그래요? 나중에 다시 걸게요.

078

A: まだ帰ってきていないんですが。

B: 何とか＿＿＿＿＿＿＿＿＿＿＿＿＿＿＿＿＿。

아직 돌아오지 않았는데요.
무슨 연락할 방법은 없나요?

079

A: 伝言を残しますか。

B: わたしから＿＿＿＿＿＿＿＿＿＿＿＿＿＿＿＿＿。

전하실 말씀 있으신지요?
저한테 전화가 왔다고 전해 주십시오.

080

A: 約束の場所はそちらで決めてください。

B: では、＿＿＿＿＿＿＿＿＿＿＿＿＿＿＿＿＿。

약속 장소는 그쪽에서 정하세요.
그럼, 그 레스토랑에서 만날까요?

>> 녹음이 있잖아요. 녹음을 듣고 써보세요. 장답은 각각의 페이지에서 확인하세요.

081

A: わたしと昼食をいっしょにいかがですか。

B: ＿＿＿＿＿＿＿＿＿＿＿＿＿＿＿＿＿、あしたはどうですか。

저와 함께 점심을 하실까요?
오늘은 곤란한데, 내일은 어때요?

082

A: 今晩、わたしと＿＿＿＿＿＿＿＿＿＿＿＿＿＿。

B: いいですねえ。

오늘밤에 나와 식사는 어때요?
좋지요.

083

A: 誕生パーティーに来てね。

B: ＿＿＿＿＿＿＿＿＿＿＿。招いてくれてありがとう。

생일 파티에 와요.
당근이죠. 초대해 줘서 고마워요.

084

A: これ、＿＿＿＿＿＿＿＿＿＿＿＿＿＿、どうぞ。

B: どうも、こんなことなさらなくてもいいのに。

이거 변변치 않지만, 받으십시오.
고마워요. 이렇게 안 가져 오셔도 되는데.

085

A: ＿＿＿＿＿＿＿＿＿＿＿＿＿。嬉しいです。

B: お招きくださってありがとう。

잘 오셨습니다. 반갑습니다.
초대해 주셔서 고맙습니다.

086

방문객을 대접할 때

잘 먹겠습니다.

いただきます。

이따다끼마스

식사하기 전에 하는 말

이 음식, 맛 좀 보세요.

この料理、味見してください。

고노 료-리, 아지미시떼 구다사이

벌써 많이 먹었어요.

もう十分いただきました。

모- 쥬-붕 이따다끼마시다

잘 먹었습니다.

ごちそうさまでした。

고찌소-사마데시다

식사가 끝난 후에 하는 말

요리를 잘하시는군요.

お料理が上手ですね。

오료-리가 죠-즈데스네

정말로 맛있었어요.

本当においしかったです。

혼또-니 오이시깟따데스

세 번 쓰고 외우기

📢 말하기

✎ いただきます。

✎ この料理、味見してください。

✎ もう十分いただきました。

✎ ごちそうさまでした

✎ お料理が上手ですね。

✎ 本当においしかったです。

 Conversation

A: さあどうぞ、ご自由に食べてください。

B: はい、いただきます。

자 어서, 마음껏 드세요.
네, 잘 먹겠습니다.

이제 그만 가볼게요.

そろそろおいとまします。

소로소로 오이또마시마스

おいとまする 헤어지다, 떠나다

오늘은 만나서 즐거웠어요.

今日は会えて嬉しかったです。

쿄-와 아에떼 우레시깟따데스

~てうれしい ~해서 즐겁다

저희 집에도 꼭 오세요.

わたしのほうにもぜひ来てください。

와따시노 호-니모 제히 기떼 구다사이

정말로 즐거웠어요.

本当に楽しかったです。

혼또-니 다노시깟따데스

저녁을 잘 먹었습니다.

夕食をごちそうさまでした。

유-쇼꾸오 고찌소-사마데시다

ご飯(はん) 밥 / 食事(しょくじ) 식사

또 오세요.

また来てくださいね。

마따 기떼 구다사이네

세 번 쓰고 외우기

말하기

✎ そろそろおいとまします。

✎ 今日は会えて嬉しかったです。

✎ わたしのほうにもぜひ来てください。

✎ 本当に楽しかったです。

✎ 夕食をごちそうさまでした。

✎ また来てくださいね。

Conversation

A: そろそろおいとまします。

B: もうお帰りですか。

이제 슬슬 가볼게요.
벌써 가시게요?

난처할 때

지금 무척 곤란해요.

いま、大変困ってるんです。

이마, 다이헹 고맛떼룬데스

어떻게 하면 좋을까요?

どうしたらいいでしょうか。

도-시따라 이-데쇼-까

どうしたら 어떻게 하면

무슨 좋은 방법은 없을까요?

何かいい方法はありませんか。

나니까 이- 호-호-와 아리마셍까

어떻게 좀 해 주세요.

何とかしてください。

난또까 시떼 구다사이

何とかする 어떻게든 하다

화장실은 어디에 있죠?

トイレはどこですか。

토이레와 도꼬데스까

그건 좀 곤란한데요.

それはちょっと困るんですが。

소레와 촛또 고마룬데스가

세 번 쓰고 외우기

 말하기

✎ いま、大変困ってるんです。

✎ どうしたらいいでしょうか。

✎ 何かいい方法はありませんか。

✎ 何とかしてください。

✎ トイレはどこですか。

✎ それはちょっと困るんですが。

Conversation

A: 何か助けが必要ですか。
B: ありがとう。最寄りの駅はどこでしょうか。
무슨 도움이 필요하세요?
고마워요. 가장 가까운 역은 어디에 있나요?

089 말이 통하지 않을 때

의미 확인하면서 읽기

듣기

일본어는 못해요.
日本語は話せません。
니홍고와 하나세마셍

話せる 말할 수 있다

일본어는 잘 못해요.
日本語はあまりできないんです。
니홍고와 아마리 데끼나인데스

제 일본어로는 부족해요.
わたしの日本語では不十分です。
와따시노 니홍고데와 후쥬-분데스

천천히 말씀해 주시겠어요?
ゆっくりと言っていただけますか。
육꾸리또 잇떼 이따다께마스까

~ていただけますか ~해 주시겠어요?

한국어를 하는 분은 안 계세요?
韓国語を話す方はいませんか。
캉코꾸고오 하나스 가따와 이마셍까

이것은 일본어로 뭐라고 하죠?
これは日本語で何と言いますか。
고레와 니홍고데 난또 이-마스까

214

세 번 쓰고 외우기

✎ 日本語は話せません。　　　　　　　　　　　⌣⌣⌣

✎ 日本語はあまりできないんです。　　　　　　⌣⌣⌣

✎ わたしの日本語では不十分です。　　　　　　⌣⌣⌣

✎ ゆっくりと言っていただけますか。　　　　　⌣⌣⌣

✎ 韓国語を話す方はいませんか。　　　　　　　⌣⌣⌣

✎ これは日本語で何と言いますか。　　　　　　⌣⌣⌣

Conversation

A: 日本語は話せますか。

B: いいえ、あまりできないんです。

일본어는 할 줄 아세요?

아뇨, 잘 못합니다.

위급한 상황일 때

의미 확인하면서 읽기

듣기

위험해요!

危ないです!

아부나이데스

다가오지 말아요!

近づかないでください!

치까즈까나이데 구다사이

위급해요!

緊急です!

깅뀨-데스

도와주세요!

助けてください!

다스께떼 구다사이

누구 좀 와 주세요!

誰か来てください!

다레까 기떼 구다사이

그만두세요!

止めてください!

야메떼 구다사이

세 번 쓰고 외우기

✏ 危ないです!

😋 😋 😋

✏ 近づかないでください!

😋 😋 😋

✏ 緊急です!

😋 😋 😋

✏ 助けてください!

😋 😋 😋

✏ 誰か来てください!

😋 😋 😋

✏ 止めてください!

😋 😋 😋

Conversation

A: 緊急です!
B: 何が起こったんですか。

위급해요!
무슨 일이 일어났어요?

여권을 잃어버렸어요.

パスポートをなくしました。

파스포-토오 나꾸시마시다

전철에 가방을 놓고 내렸어요.

電車にバッグを忘れました。

덴샤니 박구오 와스레마시다

かばん 가방

유실물 센터는 어디에 있죠?

紛失物係はどこですか。

훈시쯔부쯔 가까리와 도꼬데스까

누구에게 알리면 되죠?

誰に知らせたらいいですか。

다레니 시라세따라 이-데스까

知らせる 알리다

무엇이 들어있었죠?

何が入っていましたか。

나니가 하잇떼 이마시다까

찾으면 연락드릴게요.

見つかったら連絡します。

미쓰깟따라 렌라꾸시마스

세 번 쓰고 외우기

✎ パスポートをなくしました。

✎ 電車にバッグを忘れました。

✎ 紛失物係はどこですか。

✎ 誰に知らせたらいいですか。

✎ 何が入っていましたか。

✎ 見つかったら連絡します。

Conversation

A: 電車にバッグを忘れました。
B: 何線ですか。
전철에 가방을 놓고 내렸어요.
무슨 선입니까?

도난당했을 때

의미 확인하면서 읽기

듣기

강도예요!

強盗ですよ!
ごうとう

고-또-데스요

돈을 빼앗겼어요.

お金を奪われました。
かね　うば

오까네오 우바와레마시다

奪われる는 奪う(빼앗다)의 수동 표현

스마트폰을 도둑맞았어요.

スマートフォンを盗まれました。
ぬす

스마-토횬오 누스마레마시다

盗まれる는 盗む(훔치다)의 수동 표현

전철 안에서 지갑을 소매치기 당했어요.

電車の中で財布をすられました。
でんしゃ　なか　さいふ

덴샤노 나까데 사이후오 스라레마시다

すられる는 する(소매치기하다)의 수동 표현

방에 도둑이 든 것 같아요.

部屋に泥棒が入ったようなんです。
へや　どろぼう　はい

헤야니 도로보-가 하잇따요-난데스

도난신고서를 내고 싶은데요.

盗難届けを出したいんですが。
とうなんとど　だ

도-난토도께오 다시따인데스가

세 번 쓰고 외우기

말하기

✎ 強盗ですよ！

✎ お金を奪われました。

✎ スマートフォンを盗まれました。

✎ 電車の中で財布をすられました。

✎ 部屋に泥棒が入ったようなんです。

✎ 盗難届けを出したいんですが。

Conversation

A: 金をよこせ。さもないと殺すぞ！

B: お金は持っていません！

돈을 내놔. 그렇지 않으면 죽이겠다!
돈은 안 갖고 있어요!

교통사고예요!

交通事故ですよ!

고-쓰-지꼬데스요

구급차를 불러 주세요.

救急車を呼んでください。

큐-뀨-샤오 욘데 구다사이

도와줘요! 사고예요!

助けて! 事故ですよ!

다스케떼! 지꼬데스요

경찰을 불러 주세요.

警察を呼んでください。

케-사쯔오 욘데 구다사이

저에게는 과실이 없어요.

わたしのほうには過失はありません。

와따시노 호-니와 가시쯔와 아리마셍

이 사고는 제 탓입니다.

この事故はわたしのせいです。

고노 지꼬와 와따시노 세-데스

세 번 쓰고 외우기

✏ 交通事故ですよ!

✏ 救急車を呼んでください。

✏ 助けて! 事故ですよ!

✏ 警察を呼んでください。

✏ わたしのほうには過失はありません。

✏ この事故はわたしのせいです。

Conversation

A: 助けて! 事故ですよ!
B: 大丈夫ですか。お怪我はありませんか。

도와줘요! 사고예요!
괜찮아요? 다친 데는 없나요?

223

094

병원에서

의미 확인하면서 읽기

듣기

무슨 과의 진료를 원하세요?

何科の受診をご希望ですか。

나니까노 쥬싱오 고키보-데스까

보험증은 가지고 계세요?

保険証はお持ちでしょうか。

호껜쇼-와 오모찌데쇼-까

이 병원에서의 진료는 처음이세요?

この病院での受診ははじめてですか。

고노 뵤-인데오 쥬싱와 하지메떼데스까

다음에는 언제 오면 되죠?

今度はいつ来たらいいでしょうか。

곤도와 이쯔 기따라 이-데쇼-까

몇 번 통원해야 하죠?

何回通院しないといけませんか。

낭까이 쓰-인 시나이또 이께마셍까

しないといけません 하지 않으면 안 됩니다; 해야 합니다

오늘 진찰비는 얼마에요?

今日の診察代はおいくらですか。

쿄-노 신사쯔다이와 오이꾸라데스까

세 번 쓰고 외우기

何科の受診をご希望ですか。

保険証はお持ちでしょうか。

この病院での受診ははじめてですか。

今度はいつ来たらいいでしょうか。

何回通院しないといけませんか。

今日の診察代はおいくらですか。

Conversation

A: この病院での受診は初めてですか。
びょういん　じゅしん　はじ

B: 初めてではないのですが。
はじ

이 병원에서의 진료는 처음이세요?
처음은 아니고요.

증세를 물을 때

의미 확인하면서 읽기

듣기

오늘은 어땠어요?

今日はどうなさいましたか。

쿄-와 도- 나사이마시다까

어디 아프세요?

どこか痛みますか。

도꼬까 이따미마스까

여기를 누르면 아파요?

ここを押すと痛いですか。

고꼬오 오스또 이따이데스까

어느 정도 간격으로 머리가 아프세요?

どれくらいおきに頭痛がしますか。

도레쿠라이 오끼니 즈쓰-가 시마스까

頭痛 발음에 주의

이런 증상은 이전에도 있었어요?

このような症状は、以前にもありましたか。

고노요-나 쇼-죠-와, 이젠니모 아리마시다까

알레르기 체질인가요?

アレルギー体質ですか。

아레루기- 타이시쯔데스까

세 번 쓰고 외우기

학습일 /

今日はどうなさいましたか。

どこか痛みますか。

ここを押すと痛いですか。

どれくらいおきに頭痛がしますか。

このような症状は、以前にもありましたか。

アレルギー体質ですか。

Conversation

A: このような症状は、以前にもありましたか。

B: いいえ、初めてです。

이런 증상은 이전에도 있었어요?
아뇨, 처음입니다.

227

앞에서 배운 대화 내용입니다. 빈 칸을 채워보세요. 기억이 잘 안 난다고요? 걱정마세요. >>

086

A: さあどうぞ、ご自由に食べてください。

B: はい、＿＿＿＿＿＿＿＿＿＿＿。

자 어서, 마음껏 드세요.
네, 잘 먹겠습니다.

087

A: そろそろおいとまします。

B: もう＿＿＿＿＿＿＿＿＿＿＿。

이제 슬슬 가볼게요.
벌써 가시게요?

088

A: 何か＿＿＿＿＿＿＿＿＿＿＿＿＿。

B: ありがとう。最寄りの駅はどこでしょうか。

무슨 도움이 필요하세요?
고마워요. 가장 가까운 역은 어디에 있나요?

089

A: 日本語は話せますか。

B: いいえ、＿＿＿＿＿＿＿＿＿＿＿＿＿＿。

일본어는 할 줄 아세요?
아뇨, 잘 못합니다.

090

A: ＿＿＿＿＿＿＿＿＿＿＿！

B: 何が起こったんですか。

위급해요!
무슨 일이 일어났어요?

>> 녹음이 있잖아요. 녹음을 듣고 써보세요. 장답은 각각의 페이지에서 확인하세요.

091

A: 電車に_____。

B: 何線ですか。

전철에 가방을 놓고 내렸습니다.

무슨 선입니까?

092

A: _____。さもないと殺すぞ!

B: お金は持っていません!

돈을 내놔. 그렇지 않으면 죽이겠다!

돈은 안 갖고 있어요!

093

A: 助けて! 事故ですよ!

B: _____。お怪我はありませんか。

도와줘요! 사고예요!

괜찮아요? 다친 데는 없나요?

094

A: この病院での_____。

B: 初めてではないのですが。

이 병원에서의 진료는 처음이세요?

처음은 아니고요.

095

A: このような症状は、以前にもありましたか。

B: いいえ、_____。

이런 증상은 이전에도 있었어요?

아뇨, 처음입니다.

열이 있고 기침이 어요.

熱があり、せきが出ます。

네쯔가 아리, 세끼가 데마스

조금 열이 있는 것 같아요.

少し熱があるようです。

스꼬시 네쯔가 아루요-데스

미열이 있는 것 같아요.

微熱があるようです。

비네쯔가 아루요-데스

유행성 독감에 걸린 것 같아요.

流感にかかったみたいです。

류-깐니 가캇따미따이데스

みたいです는 ようです의 회화체

토할 것 같아요.

吐きそうです。

하끼소-데스

そうです가 동사의 ます형에 접속할 때는 양태를 나타낸다

충치가 몇 개 있는 것 같아요.

虫歯が何本かあると思います。

무시바가 남봉까 아루또 오모이마스

세 번 쓰고 외우기

✎ 熱があり、せきが出ます。

✎ 少し熱があるようです。

✎ 微熱があるようです。

✎ 流感にかかったみたいです。

✎ 吐きそうです。

✎ 虫歯が何本かあると思います。

Conversation

A: 頭痛と発熱があって、喉も痛いんです。

B: いつからですか。

두통과 발열이 있고 목도 아파요.
언제부터입니까?

231

아픈 곳을 말할 때

의미 확인하면서 읽기

듣기

배가 아파요.
はら　　　　いた
腹が痛みます。
하라가 이따미마스

허리가 아파서 움직일 수 없어요.
こし　　　いた　　　　うご
腰が痛くて動けません。
고시가 이따꾸떼 우고께마셍

動ける 움직일 수 있다

귀가 울려요.
みみ　な
耳鳴りがします。
미미나리가 시마스

무좀이 심해요.
みずむし
水虫がひどいのです。
미즈무시가 히도이노데스

ひどい (정도나 상태가 몹시) 심하다

아파서 눈을 뜰 수 없어요.
いた　　　め　　あ
痛くて目を開けていられません。
이따꾸떼 메오 아께떼 이라레마셍

~ていられません ~하고 있을 수 없습니다

이가 하나 흔들거려요.
は　　　　いっぽん
歯が一本ぐらぐらしています。
하가 입뽕 구라구라시떼 이마스

세 번 쓰고 외우기

말하기

✏ 腹が痛みます。

✏ 腰が痛くて動けません。

✏ 耳鳴りがします。

✏ 水虫がひどいのです。

✏ 痛くて目を開けていられません。

✏ 歯が一本ぐらぐらしています。

Conversation

A: ひざを曲げられますか。

B: とても痛くて曲げられません。

무릎을 구부릴 수 있나요?
너무 아파서 굽힐 수 없어요.

233

목을 보여 주세요.
喉を見せてください。
노도오 미세떼 구다사이

혈압을 잴게요.
血圧をはかります。
게쯔아쯔오 하까리마스

여기 엎드려 누우세요.
ここにうつぶせに寝てください。
고꼬니 우쯔부세니 네떼 구다사이

うつぶせ 엎드려 누움

숨을 들이쉬고 멈추세요.
息を吸って止めてください。
이끼오 슷떼 도메떼 구다사이

저는 어디가 안 좋아요?
わたしはどこが悪いのでしょうか。
와따시와 도꼬가 와루이노데쇼-까

결과는 1주일 후에 나옵니다.
結果は1週間後に出ます。
겍까와 잇슈-깡고니 데마스

234

말하기

✏ 喉を見せてください。

✏ 血圧をはかります。

✏ ここにうつぶせに寝てください。

✏ 息を吸って止めてください。

✏ わたしはどこが悪いのでしょうか。

✏ 結果は1週間後に出ます。

Conversation

A: この検査は痛いですか。
B: いいえ、痛みは一切ありません。

이 검사는 아파요?
아뇨, 통증은 전혀 없습니다.

의미 확인하면서 읽기

듣기

어느 병원에 입원했죠?
どこの病院に入院しましたか。
도꼬노 뵤-인니 뉴-인시마시다까

요시무라 씨 병실은 어디죠?
吉村さんの病室はどこですか。
요시무라산노 뵤-시쯔와 도꼬데스까

빨리 회복하세요.
早く、よくなってくださいね。
하야꾸, 요꾸낫떼 구다사이네

형용사 ~くなる ~해지다

생각보다 훨씬 건강해 보이네요.
思ったよりずっと元気そうですね。
오못따요리 즛또 겡끼소-데스네

思ったより 생각했던 것보다; 생각보다

반드시 곧 건강해질 거예요.
きっとすぐ元気になりますよ。
깃또 스구 겡끼니 나리마스요

な형용사 ~になる ~해지다

아무쪼록 몸조리 잘하세요.
くれぐれもお大事に。
구레구레모 오다이지니

大事に 소중하게

236

세 번 쓰고 외우기

✎ どこの病院に入院しましたか。

✎ 吉村さんの病室はどこですか。

✎ 早く、よくなってくださいね。

✎ 思ったよりずっと元気そうですね。

✎ きっとすぐ元気になりますよ。

✎ くれぐれもお大事に。

Conversation

A: 木村さん、どうしたんですか。
き むら

B: ええ、交通事故で軽い怪我をしまして…。
こうつう じ こ　　かる　け が

기무라 씨, 어떻게 된 거죠?

예, 교통사고로 가볍게 다쳐서요….

237

이 약으로 통증이 가라앉을까요?

この薬で痛みがとれますか。

고노 구스리데 이따미가 도레마스까

薬を飲(の)む 약을 먹다

피로에는 무엇이 잘 들어요?

疲れ目には何が効きますか。

쓰까레메니와 나니가 기끼마스까

薬が効く 약이 듣다

바르는 약 좀 주세요.

塗り薬がほしいのですが。

누리구스리가 호시-노데스가

ほしい 갖고 싶다

몇 번 정도 복용하죠?

何回くらい服用するのですか。

낭까이 쿠라이 후꾸요-스루노데스까

한 번에 몇 알 먹으면 되죠?

1回に何錠飲めばいいですか。

익까이니 난죠- 노메바 이-데스까

~ばいいですか 하면 됩니까?

진통제는 들어 있어요?

痛み止めは入っていますか。

이따미도메와 하잇떼 이마스까

238

세 번 쓰고 외우기

✏ この薬で痛みがとれますか。

✏ 疲れ目には何が効きますか。

✏ 塗り薬がほしいのですが。

✏ 何回くらい服用するのですか。

✏ 1回に何錠飲めばいいですか。

✏ 痛み止めは入っていますか。

Conversation

A: 旅行疲れによく効く薬はありますか。
B: これは旅行疲れによく効きます。

여행 피로에 잘 듣는 약은 있어요?
이건 여행 피로에 잘 듣습니다.

앞에서 배운 대화 내용입니다. 빈 칸을 채워보세요. 기억이 잘 안 난다고요? 걱정마세요.
녹음이 있잖아요. 녹음을 듣고 써보세요. 장답은 각각의 페이지에서 확인하세요.

096

A: 頭痛と発熱があって、＿＿＿＿＿＿＿＿＿＿＿＿＿。

B: いつからですか。

두통과 발열이 있고 목도 아파요.
언제부터입니까?

097

A: ひざを曲げられますか。

B: とても＿＿＿＿＿＿＿＿＿＿＿＿＿。

무릎을 구부릴 수 있나요?
너무 아파서 굽힐 수 없어요.

098

A: この＿＿＿＿＿＿＿＿＿＿＿＿＿。

B: いいえ、痛みは一切ありません。

이 검사는 아파요?
아뇨, 통증은 전혀 없습니다.

099

A: 木村さん、＿＿＿＿＿＿＿＿＿＿＿＿＿。

B: ええ、交通事故で軽い怪我をしまして…。

기무라 씨, 어떻게 된 거죠?
예, 교통사고로 가볍게 다쳐서….

100

A: 旅行疲れに＿＿＿＿＿＿＿＿＿＿＿＿＿。

B: これは旅行疲れによく効きます。

여행 피로에 잘 듣는 약은 있어요?
이건 여행 피로에 잘 듣습니다.

이제 회화책 한 권 정도는
만만하게 쓰면서 말할 수 있다.

부록

**회화를 위한
기본단어**

■ 위치와 방향

- □ 上(うえ) 위
- □ 下(した) 아래
- □ 横(よこ) 옆
- □ 後(うし)ろ 뒤
- □ 向(む)かい 맞은편
- □ 中(なか) 안, 속
- □ 左(ひだり) 왼쪽
- □ 右(みぎ) 오른쪽
- □ 外(そと) 밖
- □ 東(ひがし) 동쪽
- □ 西(にし) 서쪽
- □ 南(みなみ) 남쪽
- □ 北(きた) 북쪽
- □ 真(ま)ん中(なか) 한가운데
- □ 隅(すみ) 구석
- □ 近(ちか)く 근처
- □ 遠(とお)く 멀리
- □ 間(あいだ) 사이

■ 신체

- □ 体(からだ) 몸
- □ 肌(はだ) 살갗, 피부
- □ 頭(あたま) 머리
- □ 顔(かお) 얼굴
- □ 目(め) 눈
- □ 鼻(はな) 코
- □ 耳(みみ) 귀
- □ 口(くち) 입
- □ 首(くび) 머리, 고개
- □ 肩(かた) 어깨

- □ 手(て) 손
- □ 腕(うで) 팔
- □ 胸(むね) 가슴
- □ 背中(せなか) 등
- □ 腹(はら) 배
- □ 腰(こし) 허리
- □ お尻(しり) 엉덩이
- □ 足(あし) 발, 다리

■ 생리현상

- □ 涙(なみだ) 눈물
- □ 汗(あせ) 땀
- □ 唾(つば) 침
- □ 鼻水(はなみず) 콧물
- □ 咳(せき) 기침
- □ 息(いき) 숨
- □ くしゃみ 재채기
- □ のび 기지개
- □ あくび 하품
- □ おしっこ 오줌
- □ おなら 방귀
- □ 便(べん)/糞(くそ) 똥
- □ 鼻糞(はなくそ) 코딱지
- □ 目糞(めくそ) 눈곱
- □ にきび 여드름
- □ 肉(にく) 살
- □ 骨(ほね) 뼈
- □ 血(ち) 피
- □ 決(き)める 정하다, 결정하다
- □ 疑(うたが)う 의심하다
- □ この前(まえ)に 요전에
- □ ただ今(いま) 방금

□ 後(あと)で 나중에
□ これから 앞으로, 이제부터
□ 次(つぎ)に 다음에
□ もう 이미, 벌써, 머지않아
□ 再(ふたた)び 다시, 재차
□ たまに 가끔, 이따금
□ 度々(たびたび) 몇 번이나, 종종
□ 急(きゅう)に 갑자기

하루의 시간

□ 明(あ)け方(がた) 새벽
□ 朝(あさ) 아침
□ 昼(ひる) 낮
□ 夕方(ゆうがた) 저녁
□ 夜(よる) 밤
□ 夜中(よなか) 밤중
□ 深夜(しんや) 심야
□ 午前(ごぜん) 오전
□ 午後(ごご) 오후
□ 正午(しょうご) 정오, 낮
□ 一日(いちにち) 하루
□ ~中(じゅう) ~종일
□ 半日(はんにち) 반나절
□ 時間(じかん) 시간
□ 時(とき) 때
□ 何時(なんじ) 몇 시
□ 何分(なんぷん) 몇 분
□ 何秒(なんびょう) 몇 초

연월일

□ 今年(ことし) 올해, 금년
□ 来年(らいねん) 내년

□ 再来年(さらいねん) 내후년
□ 去年(きょねん) 작년
□ 昨年(さくねん) 작년
□ 一昨年(おととし) 재작년
□ 毎年(まいとし) 매해, 매년
□ 今月(こんげつ) 이번 달
□ 先月(せんげつ) 지난 달
□ 来月(らいげつ) 다음 달
□ 再来月(さらいげつ) 다다음 달
□ 毎月(まいつき) 매달, 매월
□ 今日(きょう) 오늘
□ 明日(あした) 내일
□ 明後日(あさって) 모레
□ 昨日(きのう) 어제
□ 一昨日(おととい) 그제
□ 毎日(まいにち) 매일

기후

□ 気候(きこう) 기후
□ 空(そら) 하늘
□ 空気(くうき) 공기
□ 湿気(しっけ) 습기
□ 霧(きり) 안개
□ 露(つゆ) 이슬
□ 霜(しも) 서리
□ 虹(にじ) 무지개
□ 暖(あたた)かい 따뜻하다
□ 暑(あつ)い 덥다
□ 蒸(む)し暑(あつ)い 무덥다
□ 涼(すず)しい 시원하다
□ 寒(さむ)い 춥다
□ 氷(こおり) 얼음

- ☐ つらら 고드름
- ☐ 陽炎(かげろう) 아지랑이
- ☐ 天気予報(てんきよほう) 일기예보
- ☐ 気象(きしょう) 기상

■ 동물

- ☐ 飼(か)う 기르다
- ☐ 餌(えさ)を やる 먹이를 주다
- ☐ 犬(いぬ) 개
- ☐ 猫(ねこ) 고양이
- ☐ ねずみ 쥐
- ☐ ゴキブリ 바퀴벌레
- ☐ 蚊(か) 모기
- ☐ はえ 파리
- ☐ 鳥(とり) 새
- ☐ 牛(うし) 소
- ☐ 馬(うま) 말
- ☐ 虎(とら) 호랑이
- ☐ 魚(さかな) 물고기
- ☐ 虫(むし) 벌레
- ☐ 鶏(にわとり) 닭
- ☐ ウサギ 토끼
- ☐ スズメ 참새
- ☐ 豚(ぶた) 돼지

■ 식물

- ☐ 植物(しょくぶつ) 식물
- ☐ 稲(いね) 벼
- ☐ 麦(むぎ) 보리
- ☐ 草(くさ) 풀
- ☐ 松(まつ) 소나무
- ☐ 柳(やなぎ) 버드나무

- ☐ むくげ 무궁화
- ☐ 花(はな) 꽃
- ☐ 咲(さ)く (꽃이) 피다
- ☐ 桜(さくら) 벚(꽃)
- ☐ 実(み) 열매
- ☐ 新芽(しんめ) 새싹
- ☐ 根(ね) 뿌리
- ☐ 葉(は) 잎
- ☐ 紅葉(もみじ) 단풍
- ☐ 落葉(おちば) 낙엽
- ☐ 芝生(しばふ) 잔디
- ☐ 木(き) 나무

■ 의복

- ☐ 服(ふく) 옷
- ☐ 紳士服(しんしふく) 신사복
- ☐ 婦人服(ふじんふく) 여성복
- ☐ 洋服(ようふく) 옷(서양옷)
- ☐ 和服(わふく) 일본전통 옷
- ☐ ズボン 바지
- ☐ スカート 스커트, 치마
- ☐ 上着(うわぎ) 겉옷, 상의
- ☐ ワンピース 원피스
- ☐ コート 코트, 웃옷
- ☐ セーター 스웨터
- ☐ ワイシャツ 와이셔츠
- ☐ 下着(したぎ) 속옷
- ☐ ランニング 러닝
- ☐ シュミーズ 슈미즈. 속치마
- ☐ 靴下(くつした) 양말
- ☐ 着(き)る 입다
- ☐ 脱(ぬ)ぐ 벗다

■ 장신구

□ 帽子(ぼうし) 모자
□ 眼鏡(めがね) 안경
□ 腕時計(うでどけい) 손목시계
□ 手袋(てぶくろ) 장갑
□ 襟巻(えりま)き 목도리
□ ベルト 벨트, 허리띠
□ ハンカチ 손수건
□ 財布(さいふ) 지갑
□ 履物(はきもの) 신발
□ 靴(くつ) 구두
□ 運動靴(うんどうぐつ) 운동화
□ 指輪(ゆびわ) 반지
□ 腕輪(うでわ) 팔찌
□ 首飾(くびかざ)り 목걸이
□ イヤリング 귀걸이
□ かつら 가발
□ ハンドバック 핸드백
□ アクセサリー 액세서리

■ 조미료와 맛

□ 調味料(ちょうみりょう) 조미료
□ 塩(しお) 소금
□ 砂糖(さとう) 설탕
□ 醤油(しょうゆ) 간장
□ 味噌(みそ) 된장
□ 酢(す) 식초
□ こしょう 후춧가루
□ 油(あぶら) 기름
□ ごま油(あぶら) 참기름
□ ごま 참깨

□ ねぎ 파
□ 生姜(しょうが) 생강
□ 辛(から)い 맵다
□ 塩辛(しおから)い 짜다
□ 薄(うす)い 싱겁다
□ 酸(す)っぱい 시다
□ 甘(あま)い 달다
□ 苦(にが)い 쓰다

■ 가전제품

□ 洗濯機(せんたくき) 세탁기
□ 電気釜(でんきがま) 전기밥솥
□ 扇風機(せんぷうき) 선풍기
□ エアコン 에어컨
□ スイッチ 스위치
□ ドライヤー 드라이어
□ 乾電池(かんでんち) 건전지
□ スタンド 스탠드
□ 電子(でんし)レンジ 전자렌지
□ 冷蔵庫(れいぞうこ) 냉장고
□ テレビ 텔레비전
□ カセット 카세트
□ ビデオ 비디오
□ コンピューター 컴퓨터
□ ワープロ 워드프로세서
□ 停電(ていでん) 정전
□ 点(つ)ける 켜다
□ 切(き)る 끄다

■ 약

□ 薬(くすり) 약
□ 薬屋(くすりや) 약방, 약국

- □ バンドエイド 일회용 반창고
- □ 包帯(ほうたい) 붕대
- □ 風薬(かぜぐすり) 감기약
- □ 消化剤(しょうかざい) 소화제
- □ 鎮痛剤(ちんつうざい) 진통제
- □ 目薬(めぐすり) 안약
- □ 便秘薬(べんぴぐすり) 변비약
- □ 下痢止(げりど)め薬(ぐすり) 설사약
- □ 軟膏(なんこう) 연고
- □ 水薬(みずぐすり) 물약
- □ 粉薬(こなぐすり) 가루약
- □ 丸薬(がんやく) 알약
- □ 針(はり) 침
- □ 錠剤(じょうざい) 정제
- □ 漢方薬(かんぽうやく) 한약
- □ 食後(しょくご) 식후

■ 병원

- □ 病院(びょういん) 병원
- □ 医者(いしゃ) 의사
- □ 看護婦(かんごふ) 간호원
- □ 内科(ないか) 내과
- □ 外科(げか) 외과
- □ 産婦人科(さんふじんか) 산부인과
- □ 小児科(しょうにか) 소아과
- □ 歯科(しか) 치과
- □ 耳鼻咽喉科(じびいんこうか) 이비인후과
- □ 献血(けんけつ) 헌혈
- □ 救急車(きゅうきゅうしゃ) 구급차
- □ 患者(かんじゃ) 환자
- □ 診察(しんさつ) 진찰
- □ 体温(たいおん) 체온

- □ 血圧(けつあつ) 혈압
- □ 注射(ちゅうしゃ) 주사
- □ 入院(にゅういん) 입원
- □ 手術(しゅじゅつ) 수술

■ 교통수단

- □ 車(くるま) 차, 자동차
- □ タクシー乗場(のりば) 택시승강장
- □ マイカー 자가용
- □ 電車(でんしゃ) 전철, 전차
- □ 地下鉄(ちかてつ) 지하철
- □ バス 버스
- □ 運転(うんてん) 운전
- □ 小銭(こぜに) 잔돈
- □ バス停(てい) 버스정류장
- □ 終点(しゅうてん) 종점
- □ 自転車(じてんしゃ) 자전거
- □ 船(ふね) 배
- □ フェリー 훼리
- □ 港(みなと) 항구
- □ 切符(きっぷ) 표
- □ 切符売場(きっぷうりば) 매표소
- □ 列車(れっしゃ) 열차
- □ 特急(とっきゅう) 특급

■ 숙박

- □ ホテル 호텔
- □ 旅館(りょかん) 여관
- □ 民宿(みんしゅく) 민박
- □ フロント 프런트
- □ 湯(ゆ) 끓인 물
- □ ベッド 침대

□ シングル 싱글
□ ツイン 트윈
□ 部屋代(へやだい) 방값
□ 前払(まえばら)い 선불
□ 宿泊(しゅくはく) 숙박
□ 計算(けいさん) 계산
□ キー 키, 열쇠
□ 貴重品(きちょうひん) 귀중품
□ 洗濯物(せんたくもの) 세탁물
□ チップ 팁
□ 食堂(しょくどう) 식당
□ バスルーム 욕실

■ 쇼핑

□ 市場(いちば) 시장
□ デパート 백화점
□ 買(か)う 사다
□ 売(う)る 팔다
□ 値切(ねぎ)る 값을 깎다
□ 値段(ねだん) 값, 가격
□ 高(たか)い (값이) 비싸다
□ 安(やす)い (값이) 싸다
□ 物価(ぶっか) 물가
□ お土産(みやげ) 선물
□ 配達(はいたつ) 배달
□ スーパー 슈퍼(마켓)
□ 販売(はんばい) 판매
□ バーゲンセール 바겐세일
□ お金(かね) 돈
□ 高級品(こうきゅうひん) 고급품
□ 商店街(しょうてんがい) 상가
□ 繁華街(はんかがい) 번화가

□ 違(ちが)う 다르다
□ 簡単(かんたん)だ 간단하다
□ 複雑(ふくざつ)だ 복잡하다
□ 変(へん)だ 이상하다
□ 広(ひろ)い 넓다
□ 狭(せま)い 좁다
□ 深(ふか)い 깊다
□ 浅(あさ)い 얕다
□ 美(うつく)しい 아름답다
□ 奇麗(きれい)だ 예쁘다
□ 可愛(かわい)い 귀엽다

■ 색깔

□ 濃(こ)い 진하다
□ 薄(うす)い 엷다
□ 白(しろ)い 하얗다
□ 黒(くろ)い 검다
□ 赤(あか)い 빨갛다
□ 黄色(きいろ)い 노랗다
□ 青(あお)い 파랗다
□ 明(あか)るい 밝다
□ 暗(くら)い 어둡다
□ 派手(はで)だ 화려하다
□ 地味(じみ)だ 수수하다
□ 田舎(いなか)っぽい 촌스럽다
□ 品(ひん)が ある 고상하다
□ 白黒(しろくろ) 흑백
□ 茶色(ちゃいろ) 갈색
□ 紫色(むらさきいろ) 보라색
□ 灰色(はいいろ) 회색
□ 緑色(みどりいろ) 녹색